LA
BANQUE DE FRANCE

NE REMPLIT PLUS LA MISSION

QU'ELLE A REÇUE DE SON FONDATEUR,

Par L.-A. PETIT.

EN VENTE,

A PARIS, CHEZ DOUNIOL, LIBRAIRE,

29, rue de Tournon.

—

1867.

ENQUÊTE

SUR

LES BANQUES.

L'élévation de l'Escompte est-elle le seul moyen efficace de maintenir ou de restituer l'Encaisse? [1]

I.

L'élévation de l'escompte a-t-elle bien pour objet de protéger l'encaisse fictif de la Banque? Quand on observe les faits, il nous semble qu'il est très-difficile de la considérer comme un moyen efficace de le restituer et de le maintenir. Si quelquefois elle produit ce résultat, le plus souvent elle est impuissante à le déterminer, du moins immédiatement. Elle n'y parvient qu'à la longue, en occasionnant une diminution considérable dans les affaires qu'entretient la Banque, en altérant profondément la circulation fiduciaire ainsi que la circulation métallique, en faisant naître des crises monétaires factices, et en infligeant au commerce et à l'industrie les plus douloureux sacrifices.

Ainsi, en octobre 1863, l'encaisse est à 272 millions; on élève l'escompte à 5 0/0. La réserve continue à baisser, et dans le mois de novembre on la trouve à 205 millions. La Banque porte coup sur coup son escompte à 6 et à 7. Malgré l'application de cette mesure énergique, la diminution de l'encaisse persiste, et cet encaisse descend à 169 millions en janvier 1864. Pendant les mois de février, mars, avril et mai de cette dernière année, il demeure constamment inférieur à ce qu'il était en octobre 1863. Il s'élève un peu au-dessus en juin, où il atteint 289 millions. L'escompte était monté à 8 en mai précédent; il tombe ensuite à 6, pour remonter à 8 en octobre, avec un encaisse, de nouveau amoindri, de 250 millions.

---

(1) Voir le *Questionnaire*.

Nous prenons pour point de départ de l'étude que nous publions aujourd'hui la question que nous venons d'énoncer. Nous ne nous renfermerons pas strictement dans les limites qu'elle semble nous tracer. Cette étude est l'extrait d'un ouvrage plus étendu que nous avons fait sur la question des Banques et qui sera peut-être publié plus tard.

La réserve ne se relève à un chiffre un peu respectable qu'en décembre, mais après bien des hésitations et après plusieurs mouvements en avant et en arrière.

Voici, du reste, les chiffres de l'encaisse pendant les trois derniers mois de 1863 et toute l'année 1864. Nous plaçons en regard la somme des comptes courants et l'importance de la circulation fiduciaire, afin que l'on puisse apercevoir d'un coup d'œil les rapports qui existent entre ces différents éléments de la situation de la Banque.

1863.	Encaisse.	Comptes courants.	Circulation fiduciaire.
Octobre...	272 millions.	215 millions.	820 millions.
Novembre.	205 —	219 —	807 —
Décembre.	213 —	214 —	754 —
1864.			
Janvier....	169 —	209 —	813 —
Février....	182 —	217 —	775 —
Mars......	195 —	194 —	746 —
Avril......	219 —	183 —	759 —
Mai.......	242 —	235 —	767 —
Juin......	289 —	227 —	720 —
Juillet.....	266 —	210 —	792 —
Août......	272 —	206 —	777 —
Septembre.	281 —	209 —	752 —
Octobre....	250 —	187 —	754 —
Novembre..	276 —	211 —	745 —
Décembre.	355 —	260 —	722 —

Comme on le voit, si la hausse de l'escompte est un moyen de maintenir l'encaisse ou de le relever, elle n'est pas un moyen d'une efficacité très-puissante. En effet, de 272 millions où elle était en octobre 1863, la réserve était descendue à 169 millions en janvier 1864. En mai de cette dernière année, elle n'était qu'à 242 millions, contre 235 millions de comptes courants, et, après une année révolue, elle n'était point encore remontée, pour s'y fixer, à ce qu'elle était en octobre 1863, bien que l'escompte eût été porté à 5, 6, 7 et même jusqu'à deux fois à 8 0/0.

La restitution de l'encaisse est donc bien loin de s'effectuer d'une manière immédiate. D'ailleurs elle ne se produit pas sans qu'il en coûte énormément au commerce et à l'industrie. Mais ce qu'il y a de plus malheureux, c'est que ces lourdes charges leur sont imposées parce que la Banque n'a pas de réserve qui lui soit propre et avec laquelle elle puisse opérer.

Avec une réserve réelle qui serait la propriété de la Banque et qui atteindrait le tiers du maximum des billets qu'elle serait autorisée à émettre en vertu de cette réserve, les faits seraient bien différents! A la faveur du développement des affaires, elle sortirait ses billets à mesure que les besoins se manifesteraient, sans avoir à se préoccuper de son encaisse. En effet, le retrait des dépôts et des comptes courants ne pourrait attaquer cet encaisse en aucune façon, ni le faire disparaître, puisqu'il serait indépendant de ces comptes courants et de ces dépôts. Elle attendrait, dans une attitude calme et tranquille, le moment où une réaction toute naturelle se produit dans les affaires pour rembourser ceux de ses billets qui lui seraient présentés. Munie d'une réserve que nous voudrions voir s'élever à 300 millions d'espèces métalliques, qui serait soutenue elle-même par un solide capital de garantie, elle pourrait voir les demandes de remboursement arriver dans de larges proportions sans concevoir la moindre inquiétude (1). Effectivement, depuis le 1er janvier 1860, la circulation fiduciaire n'a jamais été inférieure à 700 millions, bien que l'encaisse ait été nombre de fois moins élevé que le chiffre des dépôts et des comptes courants. Dans tous les cas, la Banque aurait la faculté de recourir aux moyens nécessaires pour maintenir son encaisse, mais nous lui interdirions, à tout jamais, le droit d'user, pour arriver à ses fins, d'une élévation quelconque du taux de l'intérêt. Nous allons expliquer plus loin pour quelles raisons nous voudrions l'escompte avec un maximum, et pourquoi nous nous croyons autorisé à demander que cette limite infranchissable soit imposée à la Banque.

Que si la Banque avait une réserve propre, serait-on fondé à prétendre qu'elle pourrait répondre à toutes les réclamations qui lui seraient adressées, et que, si son organisation était telle que nous la concevons, il n'y aurait plus désormais de limites dans les avances, et que le commerce et l'industrie recevraient toutes les satisfactions qu'ils pourraient désirer?

Cette mesure n'aurait pas pour objet d'amener un tel résultat, ni de produire une si grande merveille. Le crédit illimité n'est qu'une absurde utopie qui n'est pas susceptible de réalisation.

On sait que tout homme travaille pour obtenir un double résultat : d'abord pour vivre, puis pour réaliser quelques économies. Le producteur produit le plus qu'il peut pour arriver à ses fins, tandis que le consommateur limite sa consommation pour atteindre le même but. De cette manière, la production a une tendance à prendre des développements de plus en plus étendus. Bien que la consommation s'accroisse à mesure que la production augmente, parce qu'une grande partie des produits s'échange contre des produits, et que généralement plus on gagne d'argent plus on en dépense, il arrive néanmoins des moments où la production dépasse les besoins de la consommation. Dans ces moments, la production n'obtient plus de la consommation assez de numéraire pour continuer son œuvre à laquelle elle donne une extension trop considérable. En conséquence, elle recourt davantage à la Banque, et au lieu de lui demander, comme par le passé, des avances pour produire des marchandises qui seront prochainement consommées et payées par les consommateurs, elle sollicite des fonds pour produire des choses

(1) La Banque aurait quelques précautions à prendre pour prévenir l'épuisement de son capital fiduciaire, par suite d'une demande trop considérable.

que les besoins immédiats de la consommation ne réclament pas. Ces choses ne seront ni consommées ni payées prochainement. De là, la nécessité de crédits plus forts qui ne peuvent être indéfiniment élargis. Les banques ne doivent avoir d'argent que pour satisfaire aux besoins normaux et réguliers de l'industrie et du commerce. Lors même qu'elles en auraient beaucoup plus, elles ne pourraient pas conjurer les désastres qui deviennent imminents aux époques où la production se développe dans des proportions trop grandes. En effet, que feraient les producteurs de ces marchandises qui ne sont pas créées en vue d'une consommation prochaine, et qui, pour la plupart, se déprécient avec rapidité, parce qu'elles ne sont pas susceptibles de conservation? Quand les excès de production se manifestent, une crise est toujours sur le point d'éclater. La crise se déclare parce que la consommation, ne pouvant plus absorber les produits qu'on lui offre, la production n'en retire plus l'argent dont elle aurait besoin pour s'alimenter. Les avances des banques pourraient bien retarder la catastrophe, mais elles seraient impuissantes à la prévenir; et, plus elles reculeraient l'époque de son explosion, plus elle la rendraient terrible et désastreuse.

Ainsi, il est bien certain que, lors même que la Banque aurait une réserve propre, elle ne pourrait point empêcher les crises commerciales qui surviennent le plus souvent, non à cause de la rareté du numéraire, mais à cause des excès de production et du trop plein que ces excès déterminent (1). Mais cette réserve ferait disparaître les restrictions de crédit, les retraits de monnaie métallique et de monnaie fiduciaire, les élévations fréquentes et quelquefois inattendues de l'escompte, ainsi que les crises monétaires factices dont nous sommes si souvent témoins; en un mot, elle remédierait, dans la limite du possible, au mal sérieux dont la communauté tout entière souffre si cruellement et dont elle se plain avec de si justes raisons.

II.

Il importe donc de rechercher quelle serait la différence entre les deux situations, soit quand la Banque opère avec des fonds provenant de l'échange de ses billets ou des dépôts en comptes-courants, soit si ses opérations avaient pour base un encaisse qui lui appartiendrait.

Considérons d'abord la Banque dans son organisation actuelle; nous verrons plus tard à quels résultats on pourrait arriver si elle avait un encaisse véritable, composé de monnaies métalliques.

Nous commencerons par indiquer les mouvements qu'ont éprouvés les chiffres de l'encaisse et ceux de la monnaie fiduciaire, ainsi que les fluctuations aux-

(1) Nous disons donc que, généralement, les crises ne sont point occasionnées par la rareté de la monnaie, abstraction faite de celles que la Banque amène par la hausse des escomptes.

quelles ont été soumis le portefeuille et les comptes courants dans les mois de janvier des années 1861, 1862, 1863, 1864 et 1865.

	Encaisse.	Circulation fiduciaire.	Portefeuille.	Comptes courants.
1861.	349 millions.	778 millions.	609 millions.	289 millions.
1862.	306 —	762 —	676 —	252 —
1863.	268 —	825 —	655 —	279 —
1864.	169 —	813 —	752 —	209 —
1865.	330 —	790 —	690 —	249 —

Ce tableau nous fournit des renseignements d'une certaine importance.

Ainsi, on voit :

Qu'en 1863 la réserve est inférieure de 11 millions aux comptes courants :

Qu'en 1864 elle leur est inférieure de 40 millions,

Et qu'en 1863 la circulation des billets atteignait 825 millions, et qu'elle était à 813 en 1864, soit à des chiffres déjà passablement élevés, comparativement à l'importance et à la nature de son encaisse.

En consultant ses états de situation, on trouve que, durant trois mois de l'année 1863, et pendant cinq mois de l'année suivante, la Banque est pour ainsi dire sans encaisse, car on ne peut pas trop appeler de ce nom des sommes d'argent qui sont à peine suffisantes pour répondre à des dépôts et à des comptes courants toujours exigibles. A certains moments même, l'encaisse était au-dessous de ces comptes courants, ainsi que nous l'avons déjà dit.

La Banque sentait bien qu'elle était réellement sans encaisse, car en janvier 1863 elle élève son escompte à 5 0/0.

Sous l'influence de cet escompte, le portefeuille, qui était à 655 millions en janvier, descend jusqu'en juin, où il arrive à 494. Il est vrai que l'encaisse se retrouve alors à 366 millions. Mais ne voit-on pas que pendant que l'encaisse gagnait à peine 100 millions (il passait de 268 à 366), le portefeuille en perdait 161. C'est donc en entravant les affaires, par l'élévation de l'escompte, que la Banque parvient, comme nous l'avons dit, à reconstituer, tant bien que mal, un encaisse qui ne peut avoir la moindre consistance ni la moindre fixité, à raison même des éléments qui le composent.

A partir de juin 1863, une reprise se manifeste dans les affaires en présence de la réduction de l'escompte, qui avait été ramené à 3 1/2 en mai. Mais à peine ce mouvement apparaît-il, que la Banque lui répond par une élévation subite du taux de l'intérêt. Elle le met à 4 le 11 juin, et le porte à 5 le 8 octobre. A cette dernière date, le portefeuille était remonté à 619 millions. La Banque élève l'escompte en octobre, parce que son encaisse, qui, en mai, avait atteint 394 millions, est redescendu à 272. Novembre fait subir à l'escompte deux nouvelles hausses successives; il va d'abord à 6, puis à 7 0/0.

Il est vrai que, en novembre, le portefeuille arrivait à 681 millions, et la circulation fiduciaire à 807, avec un encaisse de 205 millions, et un total de comptes courants s'élevant à 219. Les comptes courants se trouvaient ainsi plus élevés que la réserve de 14 millions. C'est pour cela qu'on élevait si énergiquement le taux de l'intérêt.

Comme la fibre de la Banque est susceptible et impressionnable ! Le commerce et l'industrie ne peuvent pas exécuter le moindre mouvement sans que, de suite, elle soit fortement agitée. La circulation fiduciaire passe de 773 millions, où elle était en mai, à 807, l'encaisse descend de 394 millions à 205, et soudain elle est comme saisie de vertige. Elle élève son escompte à 5, puis à 6, puis à 7, d'une semaine à l'autre. Pourquoi cette mesure rigoureuse, si ce n'est parce qu'elle n'a plus d'encaisse ? Effectivement une Banque ne peut pas se considérer comme ayant une véritable réserve quand elle a dans sa caisse 205 millions, et qu'elle est débitrice de comptes courants, toujours exigibles, qui atteignent 219 millions, en présence d'une circulation fiduciaire de 807 millions.

Dans les moments d'activité commerciale, l'encaisse de la Banque, qui est composé en grande partie de dépôts et de comptes courants, a toujours une tendance à s'évanouir. Aussi le voit-on quelquefois inférieur à ces dépôts et à ces comptes courants eux-mêmes. Lorsque les comptes courants et l'encaisse sont sur le point de s'équilibrer, quand l'encaisse est descendu au-dessous du chiffre de ces dépôts et de ces comptes courants, la Banque ne peut plus faire d'émissions nouvelles, quoique son droit d'émission soit illimité ; elle n'offre plus aux billets qui sont en circulation les garanties reconnues nécessaires, et dont elle ne peut impunément s'écarter outre mesure. C'est alors qu'elle élève son escompte.

Mais que produit cette hausse de l'escompte ? Empêche-t-elle la diminution de l'encaisse ou le fait-elle remonter ? Elle doit nécessairement produire ce double résultat ; mais il se fait quelquefois longtemps attendre. Nous avons vu que d'octobre 1863 à octobre 1864, il avait diminué au lieu de s'accroître, malgré l'emploi d'un escompte très-élevé.

L'effet immédiat que détermine la surélévation du taux de l'escompte, c'est de faire baisser le porte-feuille ainsi que les avances, et, par voie de conséquence, la circulation fiduciaire, de même que la circulation métallique. Ce que veut surtout la Banque, c'est diminuer sa circulation fiduciaire. En effet, moins l'émission est considérable, moins l'écart qui existe entre cette émission et l'encaisse amoindri est important, et moins il présente de danger. D'ailleurs, car il faut bien le dire, la Banque a un avantage énorme à la restriction de l'émission, puisqu'elle échappe ainsi à la nécessité des achats d'or, et que, avec un capital fiduciaire plus faible, elle réalise des bénéfices plus importants.

III.

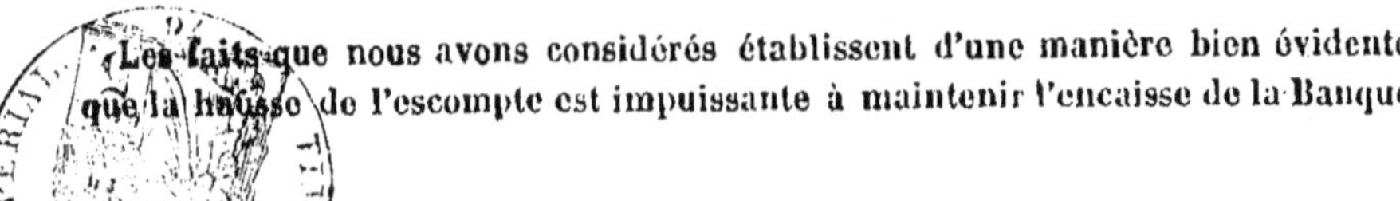

Les faits que nous avons considérés établissent d'une manière bien évidente que la hausse de l'escompte est impuissante à maintenir l'encaisse de la Banque ou à le restituer. Ceux qui se sont produits de septembre 1855 à février 1858 viennent aussi témoigner contre la valeur de la mesure.

Voici l'état comparatif de la circulation fiduciaire, de l'encaisse, des comptes courants, ainsi que des taux de l'escompte pendant cette période :

1855.	Billets en circulation.	Encaisse.	Comptes courants.	Escompte.
Septembre..	658 millions.	288 millions.	277 millions.	4
Octobre....	649 —	232 —	276* —	4, 5 et 6
Novembre..	614 —	211 —	228* —	6
Décembre..	592 —	218 —	188 —	6
1856.				
Janvier.....	607 —	199 —	181 —	6
Février.....	627 —	214 —	191 —	6
Mars.......	619 —	214 —	+ 211 —	6
Avril.......	616 —	268 —	+ 263 —	5
Mai........	626 —	286 —	+ 286 —	5
Juin........	612 —	286 —	+ 279 —	5
Juillet......	632 —	231 —	292* —	5
Août	639 —	247 —	272* —	5
Septembre..	620 —	235 —	244* —	5 et 6
Octobre....	621 —	166 —	244* —	6
Novembre..	595 —	163 —	217* —	6
Décembre..	583 —	198 —	233* —	6
1857.				
Janvier.....	612 —	191 —	237* —	6
Février.....	595 —	195 —	222* —	6
Mars.......	580 —	222 —	232* —	6
Avril.......	594 —	235 —	208 —	6
Mai........	582 —	233 —	227* —	6
Juin........	569 —	284 —	255 —	6, 5 1/2
Juillet......	608 —	262 —	278* —	5 1/2
Août.......	609 —	246 —	278* —	5 1/2
Septembre..	592 —	247 —	265* —	5 1/2
Octobre....	605 —	225 —	249* —	5 1/2, 6 1/2, 7 1/2
Novembre..	581 —	189 —	216* —	7 1/2, 10, 9, 8, 7
Décembre...	532 —	236 —	220 —	8, 7, 6, 5
1858.				
Janvier.....	581 —	251 —	237 —	5
Février.....	572 —	282 —	224 —	5, 4 1/2, 4

L'astérisque indique que l'encaisse est inférieur aux comptes courants, et le signe + que cet encaisse leur est supérieur de 10 millions au plus.

Il résulte des faits à l'examen desquels nous venons de nous livrer, que la hausse de l'escompte a été plus de deux ans et demi sans pouvoir reconstituer l'encaisse, et que, de plus, elle n'a pas eu une vertu suffisante pour le maintenir constamment à la hauteur même des comptes courants qui, dix-sept fois sur trente, ont été plus élevés que l'encaisse lui-même.

Et si, dans certains mois, la réserve s'est à peu près maintenue au niveau de ces comptes courants, nous verrons plus loin que c'est à l'aide de nombreux achats d'or et de métaux précieux.

Le tableau qui précède nous montre ce qu'a été réellement le taux de l'escompte de septembre 1855 à février 1858. Cette élévation de l'escompte a eu très-certainement pour effet de restreindre les émissions de la Banque, car elles sont descendues à 532 millions en décembre 1857, après avoir atteint 663 en juillet 1855, et 639 en août 1856. Mais arriver à comprimer ses émissions, c'est ce que veut la Banque, afin d'avoir à entretenir un encaisse moins considérable.

Les efforts de la Banque ont donc pour objet d'amener la contraction de l'émission, afin d'avoir à alimenter, avec ses achats d'or, un encaisse moins fort, et, par suite, moins dispendieux. Cette restriction, elle l'obtient en élevant le taux de l'intérêt.

L'élévation de l'escompte détermine le plus souvent la diminution des affaires, que la Banque a pour mission d'aider, tout en lui donnant des profits plus larges.

La diminution des affaires, jointe aux contractions de l'émission, finit par amener une certaine restitution de l'encaisse; mais ce résultat n'est point produit directement et immédiatement par l'élévation de l'escompte. La hausse de l'intérêt n'a pas le pouvoir de faire entrer un centime dans la caisse de la Banque, ainsi que nous allons l'établir.

Prenons les faits accomplis en 1863 et présentons les selon les phases diverses qu'ils ont traversées sous l'influence des variations de l'escompte et du taux de l'intérêt.

1863.	Encaisse.	Comptes courants.	Portefeuille.	Circulation.	Escompte.
Janvier.	268 millions	279 millions	655 millions	825 millions	5
Février.	289 —	228 —	584 —	815 —	5
Mars...	343 —	237 —	523 —	764 —	5, 4 1/2, 4
Avril ..	376 —	259 —	505 —	775 —	4
Mai....	394 —	289 —	498 —	773 —	4, 3 1/2
Juin ...	366 —	288 —	494 —	747 —	3 1/2, 4

Durant ces six premiers mois de 1863, l'encaisse se recomposait, évidemment, aux dépens des affaires dans lesquelles la Banque intervient. De son côté, la circulation fiduciaire baissait de 78 millions, tandis que le portefeuille suivait aussi une marche rétrograde et en perdait 161.

La surélévation de l'escompte ramenait, il est vrai, le rétablissement de la réserve, non pas en appelant dans la caisse de la Banque l'argent qui demeurait étranger aux affaires, mais bien l'argent, qui se retirait des affaires, qui allaient en diminuant.

Si c'est ainsi que la hausse du taux de l'escompte maintient l'encaisse ou le rétablit, on doit être autorisé à affirmer que cette mesure n'a pas toute la puissance que ses partisans lui attribuent.

La Banque, en fonctionnant comme elle le fait, avec une réserve purement artificielle, a des intérêts complètement opposés à ceux du commerce et de l'industrie, qu'elle est cependant appelée à servir. Lorsque les affaires ne vont pas et que le commerce n'a pas de besoins impérieux d'argent, la Banque lui en offre à bon marché, parce que sa caisse est alors abondamment pourvue de fonds. Mais ces fonds ne sont pas à elle ; ils attendent là l'occasion d'un emploi. Les affaires reprennent-elles ? L'industrie et le commerce ont besoin d'argent, mais la Banque ne peut leur en fournir qu'à des conditions onéreuses et en plus petite quantité que quand les affaires avaient une activité moins grande, bien qu'il leur en faille plutôt davantage, et cela parce que son encaisse factice s'évanouit, par la seule raison que le numéraire provenant des dépôts, et qui formait cet encaisse, a trouvé l'occasion de placements fructueux.

Ce qui s'est passé dans les derniers mois de 1863, vient confirmer notre allégation de la manière la plus évidente et la plus complète :

1863.	Encaisse.	Comptes courants.	Portefeuille.	Circulation.	Escompte.
Juillet	316 millions	273 millions	587 millions	798 millions	4
Août......	302 —	251 —	581 —	801 —	4
Septembre.	315 —	227 —	561 —	807 —	4
Octobre ...	272 —	215 —	619 —	820 —	4, 5
Novembre .	205 —	219 —	681 —	807 —	5, 6, 7
Décembre .	213 —	214 —	638 —	754 —	7

Le mouvement des échanges s'était ralenti à la suite de l'élévation du taux de l'escompte à 5 0/0 en janvier. Rassuré par la baisse de cet escompte et par la persistance du bon marché de l'argent, le commerce se ranime un peu vers le milieu de l'année. Mais à peine a-il fourni quelques étapes, qu'on vient élever l'intérêt, de 3 1/2, où il était descendu en mai et en juin, à 4, 5, 6 et 7 0/0, et cela en cinq mois. L'intérêt est porté à 7 en novembre, juste au moment où la Banque se retrouve sans encaisse, c'est-à-dire au moment ou les comptes courants sont supérieurs aux sommes d'argent que cet établissement de crédit a dans ses coffres. En effet, les comptes courants s'élèvent à 219 millions, tandis que l'encaisse n'est qu'à 205.

Avec l'organisation actuelle de la Banque, l'élévation de l'escompte, les restrictions de crédit, les contractions de la circulation et les crises monétaires factices sont un mal chronique, un mal inévitable auquel il est impossible de se soustraire.

Suivez la marche des affaires en 1864, et vous constaterez que les phénomènes qui se sont manifestés en 1863 se sont reproduits avec une exactitude presque mathématique.

L'écrou demeure fortement serré toute l'année; l'escompte est à 7 0/0 le 1er janvier; il descend à 6 le 24 mars, mais on le relève à 7 le 6 mai; le 10 on le porte à 8. Plus tard, il baisse un peu, mais jamais au-dessous de 6, pour atteindre de nouveau 8 en octobre. Or, voici en deux lignes les résultats qui apparaissent :

1864.	Encaisse.	Portefeuille.	Circulation.	Comptes courants.
Janvier ...	169 millions.	752 millions.	813 millions.	209 millions.
Décembre.	355 —	567 —	722 —	260 —

En janvier, les comptes courants étaient à 209 millions, mais la réserve n'était qu'à 169.

En décembre, l'encaisse s'élève à 355 millions, tandis que les comptes courants sont de 260. L'encaisse dépasse donc les comptes courants de 95 millions. Mais considérez au prix de quels efforts on est arrivé à ce résultat : on a enlevé à la circulation métallique 186 millions, en élevant l'encaisse de 169 à 355; la circulation fiduciaire en a perdu 91 en passant de 813 millions à 722; enfin le portefeuille a baissé de 185, en descendant de 752 millions à 567. Tout cela s'est produit sous l'influence d'un taux d'intérêt, qui, de janvier à décembre, n'a jamais été inférieur à 6 0/0, et qui a été plusieurs fois à 7 et à 8.

Il est bien évident que la Banque est organisée de telle façon qu'elle ne peut pas garantir au commerce et à l'industrie que si elle leur avance 800 ou 900 millions, elle pourra les leur fournir moyennant un intérêt qui conservera quelque fixité. Il y a quelque chose de plus grave encore; c'est qu'après leur avoir prêté, nous le supposons, 1 milliard, il lui sera impossible de donner à ses emprunteurs l'assurance qu'elle leur laissera ce milliard aussi longtemps qu'ils en auront besoin, même s'ils continuent à lui offrir de bonnes garanties.

Aussi, la Banque, et cela dans le but unique de maintenir une réserve impossible, une réserve artificielle et purement imaginaire, une réserve qui en réalité n'existe que de nom, puisqu'elle peut fondre, d'un instant à l'autre, sur la demande des déposants, comme une légère couche de neige d'avril sous un rayon de soleil, resserre-t-elle le crédit qu'elle accorde, et fait-elle descendre ses avances commerciales en une seule année (1864), de 752 millions à 567, et la circulation de ses billets de 813 millions à 722, sous la pression d'un intérêt écrasant, sans compter qu'elle retire de la circulation métallique 186 millions pour refaire sa prétendue réserve.

Mais cet encaisse, quand vous n'avez rien mis qui vous appartienne pour le former, c'est un véritable tonneau des Danaïdes; il se vide à mesure que vous l'emplissez. En effet, les déposants peuvent opérer des retraits aussi importants et même plus importants que les sommes qui y sont versées. Et pour arriver à l'accomplissement d'une œuvre presque irréalisable dans les temps où l'argent des dépôts trouve un emploi profitable, on impose au commerce et à l'industrie les conditions les plus onéreuses : escomptes élevés, durée indéfinie de cette élévation, échéances rapprochées, fortes restrictions de crédit, énormes contractions de la circulation, et, ce qui est plus funeste encore, des crises monétaires entièrement factices, mais qui n'en occasionnent pas moins pour cela de grands malheurs.

S'il s'agissait d'une banque de dépôt, on comprendrait que l'élévation du taux de l'intérêt pût appeler l'argent dans ses coffres, car les banques de dépôts paient des intérêts à ceux qui leur fournissent du numéraire. Mais la Banque de France, qui ne donne d'intérêt à personne, qui n'emprunte pas de métaux précieux, ne peut pas appeler les capitaux dans sa caisse par la hausse de l'escompte, peu importe à quel chiffre elle l'élève.

En élevant l'escompte, la Banque fait deux choses : elle rançonne le commerce et l'industrie, et elle diminue les avances qu'elle leur fait, ainsi que la circulation fiduciaire et la circulation métallique. Elle ne se contente pas de leur faire payer plus cher les services qu'elle leur rend, elle va plus loin : elle s'efforce de restreindre ses avances, afin d'avoir une circulation fiduciaire moins étendue. Maintenant, pourquoi cherche-t-elle à diminuer sa circulation, si ce n'est pour avoir besoin d'un encaisse moins élevé et qui lui coûte moins à entretenir ?

Et pour quelles raisons élever l'escompte afin d'arriver à maintenir ou à recomposer un encaisse qui n'existe pas ? Cet encaisse ne deviendra possible que lorsque les déposants, n'ayant plus besoin de leurs fonds, les voudront bien laisser inactifs dans les caisses de la Banque, ou lorsque des personnes préférant des billets de Banque aux espèces, viendront échanger de la monnaie métallique contre de la monnaie fiduciaire. Ces circonstances peuvent se faire attendre longtemps. L'élévation de l'escompte n'a aucune action pour ramener les dépôts, puisqu'elle ne profite en aucune manière aux déposants. Aussi, elle ne contribue pas directement à maintenir l'encaisse ou à le restituer, en appelant l'argent dans les coffres de la Banque; elle y contribue indirectement en restreignant les affaires, en faisant baisser l'émission et en diminuant la circulation monétaire. L'encaisse ne se rétablit que quand les affaires auxquelles participait la Banque ont diminué sous l'action trop prolongée d'un escompte onéreux. C'est en forçant les affaires à se restreindre que la Banque rend l'argent disponible et qu'elle peut recomposer son encaisse; et c'est uniquement pour rendre les transactions moins actives et moins nombreuses qu'elle élève son escompte et qu'elle pressure le commerce et l'industrie.

La Banque semble dire ceci quand elle élève son escompte :

Je n'ai point d'encaisse propre; je m'en étais formé un en échangeant quelques billets contre du numéraire, et en recevant quelques dépôts dans des moments où de fortes sommes d'argent étaient sans emploi. A l'heure qu'il est, les occasions de placement se présentent, et l'argent qui m'avait été confié s'en va en faisant disparaître ma réserve. A la faveur de cette réserve, j'avais consenti à mettre dans la circulation 8 ou 900 millions de monnaie fiduciaire et à faire des escomptes pour une somme à peu près égale ; mais aujourd'hui que je n'ai plus d'encaisse, je ne peux plus maintenir de pareilles avances sans m'exposer. A partir de ce moment, je restreins les crédits pour faire rentrer mes billets et pour tâcher de rétablir, autant que possible, le rapport jugé nécessaire entre les billets qui circulent et ma réserve qui varie sans cesse, et que j'entretenais avant 1858 à des conditions très-dures par de nombreux achats d'or. Je m'écarte très-souvent de ce rapport, mais c'est dans l'intérêt du public ; il ne faut donc pas qu'on m'en veuille si, à certains instants, je fais tous mes efforts pour m'en rapprocher. Comme à mes yeux l'élévation de l'escompte est un moyen sûr de diminuer mes avances et d'atteindre le résultat que je poursuis, j'y recours. J'userais bien du vieux procédé qui était autrefois mis en pratique ; mais il ne serait pas juste que je payasse cher l'or qu'on me procure pour entretenir un simulacre d'encaisse, tandis que je donnerais mes billets à bon marché. D'ailleurs, de quoi le commerce peut-il se plaindre ? *Par la hausse ou la baisse du taux de l'escompte, je ne fais que refléter exactement les conséquences de l'offre et de la demande des métaux précieux. Et puis, en élevant mon escompte, j'appelle dans ma caisse les espèces métalliques conservées inertes par la grande timidité des particuliers ; j'appelle même celles de l'étranger, qni, ne trouvant pas un intérêt aussi considérable dans les placements sur leurs marchés, sont apportées en France lors de l'enhaussement de l'intérêt.* Il y a mieux, en agissant comme je le fais, j'empêche les capitaux français de franchir nos frontières pour aller chercher ailleurs un intérêt plus élevé qui pourrait leur être offert. Me reprocherait-on d'avoir induit le commerce en erreur en lui prêtant les 800 ou 900 millions dont je parlais tout à l'heure, et de le forcer maintenant, par une élévation subite et excessive du taux de l'intérêt, à se contenter de 100 ou 200 millions de moins, quand j'ai moi-même favorisé le développement des affaires pour lesquelles il a réclamé ces 100 ou ces 200 millions, surtout lorsque je prends cette mesure pour essayer de refaire mon encaisse ? (1)

Examinons ce langage, qui est en partie celui de la Banque, et en partie celui que nous lui avons prêté.

L'élévation de l'escompte ne peut pas plus contribuer à maintenir l'encaisse qu'il ne peut favoriser sa recomposition, en faisant arriver directement le numéraire dans les coffres de la Banque. Il agit en faisant diminuer les affaires et en restreignant par là même les avances de la Banque et sa circulation fiduciaire. L'encaisse ne se reforme qu'à la longue et lorsque les transactions ont quelquefois cruellement souffert. Il se rétablit quand de nouvelles sommes, redevenant sans emploi, rentrent à la Banque à titre de dépôt, ou viennent s'y échanger contre une portion de ses billets.

L'élévation de l'escompte, au lieu de favoriser le retour des espèces vers la Banque, invite au contraire celles qui y sont déposées à en sortir. De cette manière, l'effet produit par la hausse est tout opposé à celui qu'on cherche à obtenir.

(1) Les premiers mots en italiques appartiennent à la pétition de la Banque ; les autres sont de M. Hubert-Delisle.

M. Hubert-Delisle prétend que la surélévation du taux de l'escompte attire dans les caisses de la Banque les espèces métalliques conservées inertes. Les choses ne se passent pas ainsi, et si elles sont apparues sous ce jour à l'honorable administrateur de la Banque, c'est qu'il n'a pas convenablement observé les faits. La surélévation ne détermine pas ce mouvement, puisque la Banque ne paie pas d'intérêt. Ce qui est vrai, c'est que la Banque alimente son encaisse factice par des achats d'argent ou d'or qu'elle opère, à l'aide d'une portion de ses billets. Elle effectue ces achats au moyen de primes et de commissions. M. Hubert-Delisle veut-il dire que la Banque, en élevant l'escompte, trouve plus facilement à s'approvisionner de cet or dont elle a besoin ? Mais cela ne peut pas être. Que l'escompte soit à 4 ou à 8 0/0, la Banque n'entretient pas sa réserve d'une manière plus facile dans un cas que dans l'autre. Le prix des primes et des commissions, le prix de l'achat de l'or et de l'argent peut parfaitement être fixé en dehors du taux de l'intérêt. Autrefois il en était ainsi, et rien ne s'oppose à ce qu'il en soit encore de la sorte maintenant. Il semblerait même que si l'escompte est moins haut, les primes devraient être plus modérées. Sous ce rapport, la hausse de l'escompte nuirait donc plutôt à la Banque qu'elle ne la servirait.

Il n'est pas douteux que ce fût par des achats d'or que la Banque entretenait autrefois, tant bien que mal, son encaisse artificiel, quand le numéraire qui formait cet encaisse s'en allait. Cela arrivait fréquemment, et, dans certaines années, elle était obligée d'opérer ces achats dans d'assez vastes proportions.

En 1855, les achats qu'elle a faits se sont élevés à. 260,000,000
En 1856, à. 559,900,000
En 1857, à. 554,633,000

Nous avons dit que la Banque se livrait à ces achats pour entretenir, tant bien que mal, son encaisse. En effet, on trouve :

En novembre 1855, l'encaisse à 211 millions,

Contre un chiffre de comptes courants s'élevant à 228 millions ;

L'escompte est à 6 0/0, taux le plus élevé de l'année ;

En novembre 1856, la Banque a une réserve de 163 millions,

Tandis que les comptes courants sont à 217 millions;

Le taux de l'escompte est aussi à 6 0/0, et n'a pas atteint dans l'année un chiffre plus élevé.

Enfin, en novembre 1857, son encaisse est de 189 millions,

Pour 216 millions de comptes courants;

L'intérêt monte à 10 0/0.

Que veut donc dire M. Hubert-Delisle quand il déclare que la surélévation du taux de l'escompte attire dans les caisses de la Banque les espèces métalliques? Nous constatons que c'est bien un résultat entièrement contraire qui se produit.

La surélévation de l'escompte a si peu servi à l'entretien de l'encaisse, que si la Banque ne s'était pas livrée à d'abondants achats d'or ou d'argent, sa réserve aurait pu, à certains jours, se trouver réduite presque à néant. Mais pourquoi la Banque est-elle obligée de se livrer à ces achats de métal précieux, si ce n'est parce qu'elle fonctionne sans réserve réelle?

La hausse de l'escompte n'appelle donc pas, dans les caisses de la Banque, les espèces demeurées inertes à cause de la timidité des particuliers. La Banque achète de l'or à des personnes qui se livrent spécialement à ce genre de trafic, et qui ne sont pas facilement accessibles au sentiment de la peur.

C'est à ce moyen qu'elle alimente sa réserve, qui n'est jamais assez pourvue dans les moments où les espèces qui forment cette réserve trouvent un placement utile, un emploi avantageux.

En présence de ces faits, n'est-on pas autorisé à demander si l'élévation de l'escompte est un moyen aussi efficace qu'on a l'air de l'affirmer pour maintenir ou pour restituer l'encaisse.

La surélévation du taux de l'escompte serait donc, selon nous, plutôt nuisible que profitable à la Banque, puisqu'elle peut avoir pour objet d'élever les primes sur les achats d'or qu'elle est obligée de faire dans les moments où son encaisse factice lui échappe, malgré les efforts qu'elle fait pour le retenir.

Mais il faut bien le reconnaître, à quelque chose malheur est bon. Si elle paie quelques millions de plus pour les primes et les commissions, elle en est largement couverte par les bénéfices que lui procurent les escomptes qu'elle opère sur une si large échelle et à un taux qui va quelquefois à 10 0/0.

Du reste, c'est avant 1858 que les choses se passaient comme nous le disons, car depuis qu'on a mis en honneur la théorie nouvelle de l'élévation indéfinie de l'escompte, la Banque n'achète plus ou presque plus de métal précieux pour maintenir son encaisse, bien qu'elle n'ait pas de réserve proprement dite, c'est-à-dire une réserve formée avec de l'argent qui lui appartienne, de sorte qu'elle réalise, avec les escomptes élevés, des profits exorbitants au dépens de l'industrie et du commerce.

En élevant l'escompte, la Banque veut nous persuader qu'elle ne fait que refléter les conditions du marché. La Banque se trompe; elle ne fait qu'indiquer l'état de sa caisse. Elle crie à la rareté du numéraire, parce que, en présence d'un mouvement favorable aux affaires, on lui enlève des sommes qui ne produisaient rien pour en tirer un profit quelconque. Ces sommes sont-elles donc destinées à demeurer éternellement improductives pour former à la Banque un encaisse immuable? Il est bien sûr qu'il n'en peut pas être ainsi. Ces sommes sont appelées à recevoir, un jour donné, tel ou tel emploi. Et quand ce moment arrive, comme il a pour objet d'affecter l'encaisse de la Banque, celle-ci jette un cri d'alarme et élève l'escompte pour remédier au mal qu'elle éprouve. Cette hausse de l'escompte révèle la gêne de la Banque, mais elle ne réfléchit pas l'état du marché. Le prétendu état du marché, c'est la Banque qui le fait en élevant l'escompte par suite de la situation fausse dans laquelle la met une action toute naturelle des déposants. Si, à un moment déterminé, la Banque avait 50 ou

75 millions de plus, elle croirait que les choses sont dans une situation parfaite. La conduite qu'elle tient avec telle ou telle réserve nous le prouve tous les jours. Mais elle trouve que la situation est compromise, parce que ces 50 ou 75 millions ont trouvé l'occasion d'un emploi lucratif en dehors de sa caisse. En vérité, il faut qu'un grand marché comme la France soit bien peu fortement constitué pour ne pas pouvoir supporter, sans une forte élévation d'escompte, un déplacement de 50 à 75 millions, fût-ce même pour les besoins de l'extérieur. Ainsi, la Banque élève l'escompte parce que son encaisse disparaît. D'ailleurs elle considère comme un remède ce qui n'est qu'un vain palliatif. Comment, en effet, retenir un encaisse pour lequel on n'a rien fourni? Cela n'est pas possible. Et parce qu'elle est dans la position qu'elle s'est faite à elle-même, en ne conservant nulle réserve, elle décrète la hausse de l'intérêt. La hausse, encore une fois, c'est elle qui la provoque avant que le marché n'ait reçu aucun ébranlement.

Voici un fait qui prouve que les banques, en élevant leur escompte, indiquent bien la situation de leur caisse, et ne réfléchissent nullement les conditions du marché. Dans la crise monétaire de l'année 1864, les *Joint-Stock Banks*, ont maintenu au même chiffre l'intérêt qu'elles accordaient à leurs déposants, sans se préoccuper des variations de la Banque d'Angleterre, qui a porté le taux de son escompte à 7, à 8 et plusieurs fois à 9 0/0. Ces élévations d'escompte, en France comme en Angleterre, ont lieu pour les besoins de la Banque, mais ne résultent en rien de l'état du marché (1).

Nous avons vu que la hausse de l'escompte ne fait point arriver les capitaux français dans les coffres de la Banque. Est-il bien certain qu'elle y appelle les espèces de l'étranger, qui ne trouvant pas un intérêt aussi considérable sur leurs marchés, sont apportées en France lors de l'exhaussement de l'intérêt?

Nous ne pensons pas qu'il en soit ainsi.

Certes, nous ne prétendons pas que quelques maisons, assez puissantes et assez riches pour être représentées en même temps sur tous les grands marchés du monde, ne profitent pas des embarras momentanés qu'éprouve la Banque, par suite du retrait des dépôts qui lui sont confiés dans les temps ordinaires, pour venir lui vendre un peu de cet or, dont elle a tant besoin pour entretenir son encaisse. Quand on achète pour 5 ou 600 millions de métaux précieux dans une année, on ne peut pas s'adresser aux petits capitalistes. Mais cette entrée en France des capitaux étrangers, déterminée par des moyens artificiels, ne sert qu'à la Banque, qui les reçoit en échange de ses billets. Ces espèces qu'elle a reçues, elle les restitue bientôt pour effectuer le remboursement des billets qu'elle

(1) Lors de la crise qui a sévi de l'autre côté du détroit, dans le courant de l'année 1866, la Banque d'Angleterre a maintenu le taux de l'intérêt pendant plusieurs mois à 10 0/0, tandis que les autres banques de Londres et du Royaume-Uni escomptaient autour d'elle à beaucoup meilleur marché. Pourquoi la Banque d'Angleterre agissait-elle ainsi? Pour repousser les demandes d'argent, dans la crainte qu'elle éprouvait de voir sa réserve s'épuiser, et de se trouver contrainte de suspendre ses opérations.

a sortis pour les payer. Si les banques de l'Allemagne ou de l'Angleterre lui envoient quelques dizaines de millions, des centaines de millions, même, si on veut, ces millions ne tardent pas à retourner dans le pays d'où ils sont venus. Mais le va et vient qu'ils entretiennent n'a lieu qu'entre ces banques et la Banque de France ; il n'ajoute rien à la circulation réelle. C'est un genre de trafic à part, au moyen duquel la Banque alimente un encaisse artificiel. Les achats d'or de la Banque n'ont pas d'autre but et ne produisent pas d'autres résultats.

Mais si les capitaux étrangers recherchaient des placements lucratifs en France, entreprendraient-ils un voyage de long cours pour venir profiter d'un escompte qui peut se maintenir élevé pendant quelques mois, mais qui peut être abaissé demain ? En effet, rien n'est plus fréquent que les fluctuations de l'escompte.

La surélévation du taux de l'escompte par la Banque n'attire donc point les capitaux étrangers. Ceux des gros banquiers agissent sous l'influence d'une autre action et viennent uniquement alimenter les caisses de la Banque, sans profit aucun pour la communauté. En effet, ces capitaux vont de la caisse des financiers à celle de Banque, pour retourner bientôt à leur point de départ. Cet argent, qui entre dans les coffres de la Banque et en sort alternativement, ne rend aucun service à la société et n'ajoute pas un centime à la circulation générale. Il ne sert qu'à maintenir, d'une manière factice, l'encaisse insuffisant de la Banque ; mais ce n'est pas la hausse de l'escompte qui le fait arriver dans ses coffres. La Banque se le procure facilement au moyen de primes et de commissions, qui se règlent très-bien en dehors du taux de l'intérêt. Comme nous l'avons dit, la Banque n'emprunte pas de métaux précieux, elle en achète. L'escompte est complètement étranger au prix du métal précieux que la Banque se procure par voie d'achat (1).

Si les capitaux anglais venaient chercher un placement avantageux en France, ils n'y viendraient pas pour profiter d'un escompte dont le bénéfice pourrait ne pas suffire à payer leurs frais de transport. Ils préféreraient acheter les rentes françaises, qui leur donneraient un intérêt permanent et plus élevé que leurs fonds d'Etat. Mais les Anglais n'achètent notre rente qu'autant qu'ils y trouvent un avantage suffisamment large. Ce qui le prouve, c'est l'écart assez considérable qui existe entre les cours des deux valeurs. Il n'y a pas seulement une différence d'intérêt assez marquée, il se trouve aussi la chance d'un assez bel accroissement de capital par le remboursement. L'argent d'un pays ne va donc sur les marchés extérieurs, pour y trouver des placements, qu'autant qu'il a en perspective des bénéfices certains, ou du moins qu'il croit tels, et qui doivent avoir quelque durée. On ne peut pas admettre qu'il y vienne pour un placement douteux et éphémère,

(1) Cet or rendait cependant un service réel en permettant à la Banque de maintenir son émission fiduciaire ; mais, depuis la loi de 1857, elle n'achète presque plus de métal précieux ; elle n'a donc pas besoin d'avoir recours à un escompte élevé pour l'indemniser de dépenses qu'elle ne fait pas.

qui peut s'offrir lors d'une élévation quelconque du taux de l'escompte. Et puis, est-ce bien dans ces circonstances, qui sont quelquefois le signe précurseur d'une catastrophe, que les capitaux étrangers viendraient chercher un emploi dans un pays qu'ils connaissent à peine? L'année dernière, l'escompte était à 4 0/0 à Paris, tandis qu'il était à 10 0/0 à Londres. Les capitaux français ont-ils passé le détroit pour aller profiter de la différence? Il nous semble que l'encaisse de la Banque de France a donné une réponse tout-à-fait concluante. Et pourtant cet écart énorme s'est maintenu pendant bien des mois. La hausse de l'escompte n'a donc été instituée que pour enrayer les affaires et pour diminuer les fortes demandes de capital qui pourraient être adressées à un établissement qui, par suite de son organisation, ne peut faire que des avances bornées, avances qu'il est même obligé de restreindre à mesure que son encaisse factice lui échappe et le force à comprimer son émission fiduciaire.

Nous n'hésitons pas à le dire, à ce point de vue encore, les appréciations de M. Hubert-Delisle sont erronées, et l'élévation du taux de l'intérêt ne produit pas les résultats qu'il a cru découvrir.

Et maintenant, la hausse du taux de l'escompte peut-elle empêcher l'émigration des capitaux français?

Pas plus qu'elle n'a le pouvoir d'appeler en France les capitaux étrangers.

Au moment où la Banque élève l'escompte, la France a ou n'a pas de comptes commerciaux à régler à l'étranger ; elle a ou n'a pas de versements de numéraire à lui faire pour emprunts d'État, souscription à ses chemins de fer ou à certaines de ses industries. Cela est de toute évidence. De deux choses l'une, en effet, la France a à payer ou n'a pas à payer.

Si elle n'a aucune remise de fonds à faire au dehors, la hausse de l'escompte est complètement inutile pour empêcher la sortie du numéraire.

Si, au contraire, elle a des remises à effectuer pour faits de commerce, ou par suite de souscription dans quelques entreprises industrielles ou quelques emprunts d'État, l'élévation de l'escompte ne peut mettre obstacle à ce que ces remises soient opérées. Il faut que la France remplisse ses engagements, et il y a obligation matérielle et obligation d'honneur à ce qu'elle les remplisse en temps opportun, et avec la plus scrupuleuse exactitude, si elle ne veut nuire ni à son crédit ni à sa considération. La hausse de l'intérêt n'empêche donc, à aucun prix, le déplacement des capitaux ; il faut que les versements soient effectués au jour fixé, à l'époque convenue.

Ici encore la surélévation de l'escompte ne sert à rien ; elle nuit tout simplement au commerce et aux affaires, qui sont forcés de payer un intérêt plus fort, et qui trouvent de l'argent avec plus de difficulté, parce que la Banque, mue par des principes erronés, a pris des mesures qui ont pour objet de raréfier la circulation fiduciaire et la circulation métallique.

D'un autre côté, la Banque, en élevant le taux de l'intérêt, aurait-elle la prétention d'empêcher les capitaux français de s'engager dans les affaires du dehors?

Mais pour atteindre ce but, il faudrait qu'elle maintînt constamment l'escompte à un prix excessif, et que ce taux fût bien réellement le taux du marché. Or, cela n'est pas possible. Nous voyons l'escompte exécuter les sauts les plus larges et les plus inattendus. Le 12 novembre 1857, il est encore à 10 0/0, mais le 8 février 1858, il descend à 4 1/2 ; il continue à baisser, et, le 24 septembre, il n'est plus qu'à 3. Durant l'année 1859, il varie de 3 à 4, et à 3 1/2 0/0. En 1858 et 1859, le numéraire est donc abondant en France, tandis que les occasions de placement y sont relativement rares. Que font alors les capitaux disponibles ? Ils cherchent partout des emplois fructueux, ou du moins des placements qu'ils croient tels. Ces emplois, ils les acceptent à l'étranger, si c'est à l'étranger qu'ils se présentent. Certaines opérations exigeront des versements échelonnés. Si quelques versements sont à faire à un moment où la Banque, privée d'encaisse, élèvera son escompte pour le recomposer, ou plutôt pour diminuer sa circulation fiduciaire et la circulation métallique, cette hausse, nous le demandons, pourra-t-elle faire que ces versements n'aient pas lieu ? Personne n'oserait l'affirmer. La France a pris, nous le supposons, de l'emprunt autrichien, de l'emprunt italien, de l'emprunt mexicain, ou même de l'emprunt ottoman ou égyptien ; elle a, de plus, souscrit à des chemins de fer étrangers. Autant d'engagements que la Banque a été impuissante à prévenir, autant d'engagements qu'elle ne peut empêcher d'être tenus. Qu'elle élève l'escompte, elle pourra gêner les souscripteurs ; elle gênera assurément le commerce et l'industrie, mais elle n'empêchera pas les capitaux de se rendre là où ils doivent aller. Cet argent, destiné à acquitter les dettes et les obligations de la France, il faut qu'il sorte malgré tout et qu'il aille accomplir sa mission. La hausse de l'intérêt ne peut rien pour modifier les mouvements du numéraire.

Il ne faut pas que la Banque attribue à ses mesures des conséquences qu'elles n'ont pas. Il ne faut pas qu'elle prétende agir d'une manière quelconque sur l'importation ou sur l'exportation des métaux précieux, par les variations qu'elle imprime à ses escomptes. Cette prétention est absurde, et le raisonnement est d'accord avec les faits pour la réfuter.

La Banque ne peut donc point empêcher l'argent de se répandre où il lui plaît, ni de passer dans les pays étrangers où il va remplir les obligations que la France y a contractées. Mais par l'élévation de son escompte, elle détermine un résultat bien plus funeste encore que de rançonner le commerce et l'industrie : elle raréfie la circulation monétaire. Elle produit ainsi l'effet qu'elle accuse l'émigration des capitaux d'amener. En élevant le taux de l'intérêt, la Banque arrive à raréfier la circulation monétaire, disons-nous. Comme on le sait, la circulation monétaire se compose de deux éléments distincts : la monnaie métallique et la monnaie fiduciaire. Celle-ci est acceptée comme celle-là, quand elle se présente sur le marché avec les conditions voulues et requises, c'est-à-dire dans des conditions de convertibilité constante. Si, par les mesures qu'elle arrête, la Banque fait descendre la circulation fiduciaire de 825 millions, où elle était ne janvier 1863 ; à 722, où elle est réduite en décembre 1864, elle retire bien réellement cent et quelques millions de la circulation du pays. Ce retrait de monnaie fiduciaire produit absolument le même effet que déterminerait le retrait d'une même somme de monnaie métallique, puisque les deux monnaies circulent sur le pied de la plus parfaite égalité.

Il est donc bien certain qu'en décembre 1864, la circulation fiduciaire était réduite de 103 millions, comparativement à ce qu'elle était en janvier 1863 ; mais ce n'est pas tout : à cette dernière date, l'encaisse métallique de la Banque était de 268 millions ; en décembre 1864, cet encaisse est à 355. Cela fait une augmentation de 87 millions. Comment s'est produite cette augmentation de 87 millions ? Aux dépens de la circulation métallique intérieure, évidemment. Par contre, la Banque voudrait-elle prétendre que la circulation s'était d'abord grossie aux dépens de sa réserve ? Une pareille allégation serait une erreur grave, car les dépôts et les comptes courants n'appartiennent en aucune façon à la Banque ; ils vont dans sa caisse pour y attendre, en sécurité, les moments favorables pour remplir leur place dans la circulation, et quand cette occasion se présente, ils s'empressent d'en profiter. Rien n'est plus légitime.

Ainsi, par les surélévations d'escompte qu'elle décrète pour refaire son encaisse, la Banque ne restreint pas seulement la circulation fiduciaire, elle agit aussi sur la circulation métallique, qu'elle amoindrit. En décembre 1864, la circulation totale était inférieure de 190 millions à ce qu'elle était en janvier 1863 ; de 235 millions à ce qu'elle était en novembre de cette dernière année, et de 277 millions à ce qu'elle était en janvier 1864.

Nous avons établi le compte comparativement à janvier 1863. Voyons-le maintenant comparativement à novembre de cette dernière année et à janvier 1864, et examinons si le résultat est bien celui que nous venons d'indiquer :

En novembre 1863, l'encaisse de la Banque était à. . . . . . **205 millions.**

En décembre 1864, il présentait un chiffre de. . . . . . **355 —**

De telle manière que la circulation métallique, aux dépens de laquelle s'était recomposée la réserve, avait diminué de. . . . **150 millions.**

En novembre 1863, la circulation fiduciaire s'élevait à . . . . **807 millions.**

En décembre 1864, elle n'était plus que de. . **722 —**

Elle avait donc perdu. . . . . **85 millions. 85 —**

Ce qui fait bien une diminution totale de 235 millions, comme nous l'avons dit. . . . . **235 millions.**

En janvier de l'année mil huit cent soixante-quatre (1864), le montant de l'encaisse était de . . . . 169 millions.

En décembre il atteint. . . . . 355 —

De ce chef, la circulation métallique a conséquemment baissé
de. . . . . 186 millions.

. De son côté, la circulation fiduciaire, qui, en janvier 1864, avait
une importance de. . . . . 813 millions,

Etait descendue en décembre à. . . . . . . 722 —

De sorte qu'elle s'était amoindrie de. . . . . 91 millions. 91 —

Ainsi, la circulation fiduciaire et la circulation métallique ont

éprouvé, de janvier 1864 à décembre, une perte de. . . . . 277 millions.

La Banque nous dira-t-elle que les 87, les 150, ou encore les 186 millions de numéraire qui se trouvaient en plus dans sa caisse en décembre 1864, comparativement à janvier ou à novembre 1863, ou à janvier 1864, provenaient de l'étranger. Qu'on juge quelle serait la valeur de son allégation à cet égard.

La balance du commerce nous enseigne que, en 1863, l'exportation des métaux précieux a été supérieure à l'importation de. . . . . . . 55 millions.

Il est vrai que, d'un autre côté, elle nous dit que, pour l'année
1864, l'importation a été plus forte que l'exportation de. . . . 78 —

L'importation a donc été supérieure à l'exportation d'une

somme de. . . . . 23 millions.

Ce qui fait pour les deux années une moyenne de 11 à 12 millions.

Comme on le voit, l'écart est insignifiant, et ce n'est pas l'importation qui a procuré à la Banque son augmentation d'encaisse. Cette augmentation s'est formée aux dépens de la circulation intérieure, que la Banque a ainsi comprimée d'une façon singulière.

Et puis quand le résultat de la balance en métal précieux au profit de la France serait plus considérable, ce ne serait pas une raison pour que la Banque pût prétendre qu'elle doit son accroissement d'encaisse à l'importation. Il est bien certain, en effet, que tous les métaux importés ne se rendent pas dans ses coffres.

Comment donc la Banque, qui, à l'entendre, prend tant de souci pour empêcher l'exportation de notre numéraire métallique au dehors, parce que, apparemment, elle considère que la diminution de la circulation pourrait nuire aux affaires, cherche-t-elle, par tous les moyens possibles, à abaisser la circulation fiduciaire, qui produit à l'intérieur les mêmes effets que la circulation métallique ? Nous avons vu qu'elle ne peut entraver la sortie des métaux précieux, dont les mouvements sont forcés et obéissent aux lois qui règlent les rapports internatio-

naux ; mais elle arrive parfaitement à réduire la circulation fiduciaire. La Banque devrait comprendre que si l'exportation de 100 millions en écus peut nuire
au commerce, à l'industrie et aux affaires en général, le retrait de 100 millions
de monnaie fiduciaire doit produire le même effet. Encore une fois, les billets de
Banque circulent à l'intérieur comme la monnaie métallique, et sont acceptés
comme elle dans leur pays d'origne , quand ils présentent les garanties exigées.
La Banque, pour justifier ses mesures, voudrait-elle soutenir que nous exagérons
le mérite de sa monnaie fiduciaire? Elle n'ira pas jusque là. Si donc nous ne
donnons pas à cette monnaie plus de valeur qu'elle n'en a, nous sommes fondé à
dire que quand la Banque , en prenant des précautions qui n'ont pas d'autre but
que de ramener dans sa caisse une partie des ses billets, enlève 100 millions de
monnaie fiduciaire à la circulation, elle occasionne un malaise aussi profond
que si 100 millions de numéraire s'en allaient à l'étranger. Et quel moment
la Banque choisit-elle pour opérer ce retrait? Celui où les affaires sont le plus
animées et où le besoin d'argent se fait le plus sentir.

Et si, outre ce retrait de 100 millions de monnaie fiduciaire, la hausse de l'escompte a pour effet de soustraire à la circulation une pareille somme de monnaie
métallique, ou même une somme presque deux fois égale, et de faire baisser
les avances sur escomptes, lingots, effets publics , actions et obligations, dans des
proportions qui sont quelquefois supérieures à 200 millions , et cela à des moments où le commerce et l'industrie réclameraient plutôt une extension de crédit
et un développement de circulation, on peut affirmer hautement que la Banque,
dans ces circonstances, nuit d'une manière marquée aux affaires qu'elle est appelée
à servir, et dans l'intérêt desquelles elle a été instituée.

Avec les dispositions qu'elle arrête, la Banque n'empêche pas l'exportation des
capitaux ; nous l'avons prouvé : mais elle raréfie à la fois la circulation commerciale, la circulation fiduciaire et la circulation métallique. Elle fait plus, elle
provoque elle-même une sorte de crise monétaire factice, dont elle recueille
des avantages énormes en élevant le taux de l'escompte quelquefois jusqu'à
10 0/0 (1).

Puisque l'élévation de l'escompte réduit la circulation monétaire métallique et
fiduciaire; puisqu'elle a pour objet de faire diminuer les avances sur effets de
commerce, sur effets publics, ainsi que sur lingots, actions et obligations, elle est
une mesure mauvaise que la Banque doit rejeter désormais sans aucune hésita-
tion, tant dans son intérêt moral que dans l'intérêt matériel de la société.

La restriction de la circulation et la contraction des avances à l'aide de moyens
artificiels sont en soi un mal considérable, puisqu'elles privent les affaires d'une
somme qui arrive quelquefois à 500 millions, sur laquelle elles croyaient pouvoir
compter. En effet, la Banque avait étendu jusque là les crédits qu'elle avait ou-

---

(1) Nous appelons circulation commerciale celle qui se compose des effets de commerce. Ces effets
ne remplissent-ils pas, jusqu'à un certain point, dans certaines directions, l'office d'une véritable
monnaie?

verts. Au lieu de faire de grandes avances au commerce et à l'industrie pour les leur retirer peu de temps après, et cela au moment où les affaires sont le plus fortement engagées , elle ferait mieux de les limiter dès le commencement. La limitation du crédit, dès le principe, déterminerait moins de mal qu'une énorme restriction tardive, poursuivie et obtenue par une hausse excessive de l'escompte et du taux de l'intérêt. Mais cela ne ferait pas les affaires de la Banque, qui est bien aise de profiter d'un large encaisse factice pour étendre ses avances et grossir ses dividendes. Les restrictions de crédit, amenées tardivement, seraient un mal lors même qu'elles se produiraient sans élévation d'escompte, mais elles sont un mal encore plus considérable lorsqu'elle sont amenées par une hausse plus ou moins forte; cherchons à l'établir :

Des fêtes splendides se préparent, on le suppose, à Guernesey. Elle doivent dépasser en éclat, en magnificence, en imprévu tout ce qu'on peut attendre. Le programme est des plus séduisants. Ajoutez à cela l'attrait qu'exerce la beauté de la saison et les merveilles que l'on raconte du climat, de la végétation luxuriante de l'île et du site où elles doivent avoir lieu. De nombreux voyageurs s'y rendront de tous les pays ; la France fournira son large contingent. Une compagnie maritime, dont le siége est au Havre, prépare des moyens de transports. Des prospectus, qu'elle a répandus partout à profusion, annoncent qu'elle met quinze bateaux à vapeur à la disposition des touristes, et que chacun de ces bateaux peut contenir six cents personnes. Elle prendra à chaque voyageur 10 francs pour le conduire à Guernesey. Les annonces n'indiquent pas les conditions du retour. Les amateurs aperçoivent bien cette lacune, mais ils n'en retiennent pas moins leurs places. Au jour dit, les quinze bateaux se trouvent remplis. Quelques personnes se préoccupent des conditions du retour, mais certaines autres se hâtent de les rassurer en disant qu'il doit s'effectuer comme l'aller lui-même, bien que rien d'officiel ne soit connu à cette égard. On s'embarque sur la foi des traités, ou plutôt sur la foi des usages. On arrive aux fêtes qui durent trois jours. Le lendemain, les voyageurs songent à revenir chez eux et se dirigent sur le point d'embarquement. Ils apprennent que, au lieu de quinze navires qui ont été mis à leur disposition pour les emmener, douze seulement se présentent pour les reconduire au Havre, et que le prix du passage est fixé à 20 francs, juste le double du prix qu'on avait exigé pour la première partie du voyage. Non-seulemeut il faudra payer double, mais dix-huit cents personnes seront privées d'un moyen facile de rentrer chez elles. Sur les quinze navires de la compagnie, trois sont dans l'impossibilité de servir, à cause de l'insuffisance du combustible qui est destiné a produire la vapeur. La compagnie a-t-elle rempli convenablement ses devoirs ? Qu'on n'oublie pas qu'elle ne se borne point à priver dix-huit cents personnes de moyens de transport, mais que, d'ailleurs, elle exige de celles qu'elle peut voiturer le double du prix qu'elle leur a demandé pour les faire arriver sur le théâtre des fêtes.

Nous avons le regret de le dire : la compagnie maritime, c'est un peu la Banque de France. Les véhicules que l'on met à la disposition du public, ce sont ses billets qui fonctionnent comme de la véritable monnaie métallique (1). A un moment donné, elle encourage le public à se servir de ces véhicules; elle les tient à des prix peu élevés pour en favoriser la location. Ainsi, du 22 janvier 1862 au 8 octobre 1863, l'escompte varie entre 4 1/2, 3 1/2 et 4 0/0; il est cependant porté à 5 0/0 le 5 janvier 1864, mais il n'y reste guère que deux mois. Sous l'influence de ce bon marché, l'émission, qui était à 715 millions à la fin de l'année 1861, dans laquelle l'escompte avait été à 7 0/0, et n'avait jamais baissé au-dessous de 5, atteint 820 millions en octobre 1863, à la faveur d'un escompte de 4 et de 3 1/2. A partir du 8 octobre 1863, l'escompte s'élève progressivement et arrive à 7, et même à 8 0/0. Il est encore à 7 le 3 novembre 1864. Mais de même que le bon marché avait développé l'usage des billets de Banque et l'emploi d'une partie des sommes qui formaient l'encaisse factice de la Banque, de même aussi la cherté de l'intérêt diminue considérablement et cet emploi et cet usage. De 807 millions, où la circulation fiduciaire était en novembre 1863, elle est descendue à 722 en décembre 1864, tandis que l'encaisse métallique, qui n'était que de 205 millions à la première de ses dates, était remonté à 355 à la seconde.

Dans les moments où son encaisse est abondant, la Banque ne se contente pas de mettre une grande quantité de véhicules à la disposition du public, elle donne aussi une large extension à ses escomptes, sauf à les restreindre quand sa réserve s'évanouit. C'est ainsi que les avances et escomptes, qui étaient à 884 millions en janvier 1864, n'étaient plus qu'à 674 millions en décembre de la même année; ce qui constitue une diminution de 210 millions.

En élevant son escompte, la Banque n'a pas d'autre but que de restreindre sa circulation fiduciaire et d'arriver, en entravant les affaires, à reconstituer son encaisse. Pour former cet encaisse, la Banque fait concurrence au commerce et à l'industrie. L'industrie et le commerce ont besoin d'argent. Elle aussi en a besoin. Elle n'en peut trouver que dans la circulation du pays si elle veut se dispenser de faire des achats d'or à l'étranger. C'est aussi le réservoir où puise la communauté. Mais il n'importe pas, il faut que, à tout prix, elle refasse sa réserve. Pour y parvenir, elle emploiera les mesures les plus énergiques.

Ces mesures sont la hausse de l'intérêt et les restrictions de crédit. Sous la pression d'un escompte plus élevé et d'une contraction de crédit, les affaires diminueront, la circulation générale baissera, mais la Banque arrivera à ses fins. Elle ne voulait pas autre chose.

Pour rétablir son encaisse, la Banque réclame donc une partie du numéraire qui remplit les canaux de la circulation et qui resterait dans ces canaux tant que le commerce en aurait besoin, sans les efforts que fait la Banque pour le soutirer. Nous voyons comment la Banque s'y prend pour obtenir ce numéraire, et c'est le commerce et l'industrie qui lui donnent les moyens de venir leur faire ainsi la concurrence, en lui payant des escomptes élevés.

(1) On sait que les économistes considèrent les espèces métalliques comme des machines, comme des instruments et des véhicules qui servent au transport des marchandises.

Dans ces circonstances, les rôles sont intervertis : c'est le commerce qui rend service à la Banque. Non-seulement il lui rend service, mais encore il la paie. Elle lui enlève l'argent de la circulation, et il lui procure les moyens de lui enlever cet argent en lui accordant de gros intérêts.

Pourquoi alors la Banque n'a-t-elle pas une réserve qui lui appartienne et soit sa propriété?

Voyez comment les choses se passent actuellement :

A un moment donné, le commerce, séduit par le bon marché de l'argent que la Banque lui offre, s'engage dans les affaires. La Banque lui loue ses véhicules à des conditions raisonnables et en met à sa disposition une assez grande quantité; elle accueille, de plus, à l'escompte une assez grande masse de valeurs commerciales. Mais à peine le commerce a-t-il usé des facilités qu'on lui donnait, qu'on cherche à restreindre les avances qu'on lui a faites et à lui enlever une partie des véhicules qu'on lui avait procurés pour développer ses entreprises. Pour conduire ces entreprises à bonne fin, il aurait besoin qu'on lui laissât, pendant un certain temps, les moyens de transport qu'on lui avait d'abord offerts, et les avances qu'il avait obtenues. Mais la Banque, comme la Compagnie maritime dont nous avons parlé, demeure sourde aux plaintes et aux réclamations. Non-seulement elle diminue le nombre des véhicules, mais elle double ou triple le prix de ceux qu'elle maintient. La Compagnie maritime a réduit le nombre des bateaux de quinze à douze, parce qu'elle n'avait pas assez de combustible; la Banque abaisse sa circulation fiduciaire de 813 millions à 722, et ses avances de 752 millions à 567, parce qu'elle n'a pas un encaisse suffisant, ou plutôt parce qu'elle n'a pas d'encaisse qui lui soit propre, et sur la stabilité duquel elle puisse compter.

Mais de ce que la compagnie maritime n'avait pas fait une provision convenable de charbon pour mettre en branle tous ses bateaux, était-ce une raison pour qu'elle fît payer vingt francs au lieu de dix le retour des voyageurs? Et de ce que la Banque de France, par suite d'un vice de son organisation, n'a pas une réserve fixe qui lui permette d'émettre pour 800 ou 900 millions de billets et de faire de larges escomptes sans être obligée de recourir, presque aussitôt, aux mesures extrêmes qu'elle emploie, est-ce un motif pour qu'elle puisse demander un escompte de 7, 8, 9 et même de 10 0/0 à ses débiteurs et à ses clients, surtout lorsque ceux-ci ont entrepris, à l'aide de l'avance qu'on lui offrait et qu'on lui a procurée à bon marché, des affaires qui ne peuvent se liquider qu'après un temps assez long? Pour nous, nous ne comprenons pas ainsi les choses. La Banque a avancé 8 ou 900 millions au commerce et à l'industrie, à raison de 4 0/0; elle a mis dans la circulation 8 ou 900 millions de monnaie fiduciaire, il y a obligation pour elle de maintenir ces avances et cette monnaie fiduciaire tant qu'ils en auront besoin et de maintenir indéfiniment les avances au taux de 4 0/0.

La Banque répondra : En prêtant ma monnaie, je me suis engagée pour un mois, deux mois, trois mois tout au plus. Ceux de mes prêts qui comportent le terme le plus étendu sont faits à quatre-vingt-dix jours. Une fois que les sommes que j'ai avancées à 4 0/0, par exemple, sont rentrées dans ma caisse, je suis libre de les prêter désormais à 8 ou à 10 0/0, sans que personne puisse trouver à y redire. Je me prévaux de mon droit; ce droit peut paraître rigoureux, mais enfin c'est mon droit, et j'en use.

De deux choses l'une, répondrons-nous : ou la Banque doit avoir un encaisse fixe sur lequel elle réglera ses émissions d'une manière certaine, 300 millions de numéraire, si l'on veut, pour 900 millions de billets et un chiffre égal d'avances et d'escompte, ou elle n'aura pas de réserve fixe, parce que, dans ce dernier cas, elle fera l'économie du capital qui formerait l'importance de cette réserve, mais alors elle subira les conditions dans lesquelles la placera son défaut d'encaisse. Elle achètera à ses risques et périls de quoi l'entretenir dans les moments où l'argent du public cessera de venir à elle, mais elle ne pourra pas élever son escompte pour se mettre en état de faire face à cet entretien, ni pour diminuer ses avances, ni pour restreindre sa circulation fiduciaire afin d'avoir à alimenter un encaisse moins considérable, parce que ces mesures entraînent avec elles les conséquences les plus funestes.

Si la Banque, en s'appuyant sur une apparence d'encaisse, a le droit de faire des émissions et des avances qui, aujourd'hui, paraissent modérées à cause de l'encaisse, mais qui seront exagérées demain ou dans quinze jours, à cause de la diminution de ce même encaisse, sauf à réduire ensuite ces avances et ces émissions par tous les moyens possibles, même par l'élévation de son escompte au double et au-delà du cours où il était en principe, il faut reconnaître que les larges crédits qu'elle ouvre au commerce et à l'industrie leur sont plutôt nuisibles qu'avantageux. D'abord, par la hausse de l'escompte elle rançonne ceux qui recourent à elle, puis, agissant à la façon de la machine pneumatique, elle opère le vide dans les courants de la circulation, ce qui a pour objet de déterminer de grands embarras monétaires. Elle crée une crise monétaire factice. Elle retire de la circulation métallique et fiduciaire 190 millions ou 235, ou même 277 millions; elle enlève, en outre, à la circulation commerciale une somme presque aussi considérable, et cela précisément dans les moments où on a le plus besoin de monnaie et d'avances pour conduire à fin les opérations dont elle-même a favorisé le développement. Il ne faut pas croire que l'impulsion communiquée aux affaires par une extension de crédit puisse s'arrêter après trois mois. Cette impulsion fait sentir son action dans tout le corps commercial et industriel, et produit des effets qui ne peuvent aller en diminuant que longtemps après.

Quels embarras ne doit pas amener une contraction de crédit et une restriction monétaire qui atteint 500 millions ?

Pour légitimer les mesures dont elle se sert, la Banque viendrait-elle prétendre que le public connaît parfaitement sa manière d'agir, et que c'est à lui à user ou à ne pas user du crédit qu'elle lui offre dans de si larges proportions.

Mais le public ne sait pas jusqu'où iront les besoins de la communauté; il ne s'est pas bien rendu compte de la manière dont la Banque fonctionne avec son encaisse factice, sous l'influence d'un taux d'escompte modéré. A la vue d'un encaisse abondant, encaisse dont on n'a pas encore compris l'insignifiance et l'inanité, chacun cherche à augmenter ses affaires, dans l'espoir de trouver de l'argent à des conditions convenables. En présence du développement des transactions et des échanges, les besoins de monnaie fiduciaire et de monnaie métallique ou d'avances commerciales deviennent plus considérables. Encore une fois, le public ne peut pas prévoir jusqu'où ces besoins s'étendront. Et puis, quand il pourrait le deviner, ce n'est pas une raison pour que la Banque puisse élever indéfiniment son escompte et diminuer la circulation générale, en restreignant ses avances ainsi que la circulation fiduciaire, et en forçant une partie de la monnaie métallique sur laquelle elle n'a aucun droit pour établir sa réserve, à rentrer dans sa caisse, uniquement pour rétablir cette réserve. La diminution des avances et le double retrait de la monnaie métallique et de la monnaie fiduciaire nuisent considérablement aux affaires, en amenant des crises funestes.

La Banque, elle, sait bien mieux que le public ce qui doit arriver. On ne manie pas tous les jours un instrument sans en connaître les qualités ou les défauts. L'expérience lui enseigne que toutes les fois que les affaires vont bien, et que, à la faveur d'un bel encaisse, son portefeuille et ses émissions prennent une certaine extension, son encaisse diminue rapidement pour disparaître bientôt. Elle devrait donc régler ses émissions et ses avances, non sur cet encaisse actuellement élevé, mais en vue de la diminution ou de l'évanouissement certain de l'encaisse; elle ne devrait pas étendre les avances et la circulation fiduciaire outre mesure pour un moment, sauf à les resserrer fortement peu de temps après. Cette restriction des avances et de monnaie fiduciaire qui entraîne la contraction de la circulation métallique, produit des effets désastreux qu'aggrave encore la hausse de l'escompte. Le remède est dans les achats d'or, mais on n'en veut plus faire.

Quoi que puisse dire la Banque, et elle ne manquera pas de défenseurs habiles et éloquents, elle ne légitimera jamais la restriction de ses émissions et de ses avances, ni la restriction de la circulation métallique qui en est la conséquence forcée, et cela quand la société éprouve des besoins de monnaie qu'elle-même a contribué à créer, pas plus qu'elle ne justifiera les moyens qu'elle met en œuvre pour parvenir à son but.

Que le retrait de 190 millions de monnaie métallique et de monnaie fiduciaire, ou de 235 millions, ou encore de 277 millions, ne puisse pas s'opérer sans amener certains troubles et même de pénibles embarras, cela ce conçoit aisément, et il est facile de s'en rendre compte. En 1847, la Banque éprouvait de grandes difficultés; la vente de 50 millions de rentes à l'Empereur de Russie atténua la crise, et y apporta un remède presque immédiat.

La Banque d'Angleterre se ressentit des crises qui éclatèrent en 1847 et 1857; à chacune de ces deux époques elle fût autorisée à étendre ses émissions.

« En 1847, elle n'eût pas besoin de profiter de cette autorisation; il lui suffit « d'user plus largement de sa réserve de billets, sûre qu'elle était de pouvoir la « renouveler.

« En 1857, l'excédant de Billets que cette Banque eût la faculté d'émettre fut
« fixé à 2,000,000 £, et elle n'en usa pas complètement. Elle ne se servit de ce
« crédit de 2,000,000 £ que jusqu'à concurrence de 928 £; mais les effets de
« commerce ayant été admis plus largement à l'escompte, la confiance s'était
« rétablie et la crise s'évanouit comme par enchantement. » (1)

L'année dernière, l'Angleterre a encore éprouvé une crise des plus redoutables.
Quelque graves qu'aient été les désastres, on s'attendait à de plus terribles encore,
mais le mal est entré dans sa période de décroissance à partir du moment où la
Banque a été autorisée a étendre ses émissions.

Ainsi, nous avons raison d'affirmer que 190 ou 235 millions jouent un rôle considérable dans la circulation et dans les opérations de la Banque. Le commerce
et l'industrie ont donc le plus grand intérêt à ce qu'elle ne vienne pas, en élevant
son escompte, restreindre sa circulation fiduciaire ni entraver la circulation
métallique, ni encore diminuer dans de fortes proportions le chiffre de ses
avances sur valeurs diverses.

La Banque invoquera-t-elle la loi pour justifier sa conduite? Nous ne refusons
pas de reconnaître qu'elle est dans la légalité en agissant comme elle fait.
Cependant, une simple réflexion nous sera bien permise, et nous pourrons dire,
sans blesser personne, que toute loi financière qui a une erreur économique pour
base, n'a pas une autorité suffisante pour qu'on puisse l'invoquer dans le but de
défendre des mesures aussi rigoureuses que celles que prend notre grand établissement de crédit, lorsqu'il restreint ses avances et ses émissions fiduciaires, lorsqu'il fait diminuer la circulation métallique pour refaire son encaisse, quand il
élève son escompte à un taux qui arrive quelquefois à 10 0/0.

Et que dire des crises monétaires qu'amènent avec elles ces restrictions
d'avances et ces contractions de circulation?

Voyez-vous là-bas cet encaisse de la Banque, qui atteint 750 millions? Vous
croyez sans doute que c'est quelque chose de réel, de palpable, de tangible. Illu-
sion et erreur profondes. Cet encaisse n'est qu'un mirage trompeur, plein de fal-
lacieuses promesses; c'est un sable mouvant qui peut s'évanouir au moindre
souffle, en causant la perte de ceux qui voudraient le prendre pour point d'appui,
afin de donner une plus large extension à leurs opérations commerciales.

La Banque est donc dans une situation fausse. Y demeurera-t-elle longtemps
encore? Nous ne saurions le dire; mais ce que nous pouvons affirmer, c'est qu'elle
n'y peut pas rester sans imposer au commerce, à l'industrie et à la société, les
plus douloureux sacrifices.

Nous n'attaquons pas les intentions de la Banque; Dieu nous en garde! Nous
connaissons l'honorabilité de ceux qui l'administrent. D'ailleurs, ce ne sont pas eux
qui ont fait les lois qui régissent la constitution de l'établissement qu'ils dirigent;
ils ne font guère que de les appliquer. Cependant, ils ne sont pas, à nos yeux,

(1) M. Isaac Pereire.

sans avoir quelque tort. Leur tort, et ce tort a une certaine gravité, c'est de trop développer les avances quand ils voient un encaisse considérable. Ils savent, en effet, que ces avances sont fatalement suivies d'une contraction quelquefois soudaine, puisque l'encaisse peut disparaître avec rapidité. Ne vaudrait-il pas mieux que la Banque fît des avances moins fortes? Elle élargit ses avances lorsque les besoins sont le moins grands, pour les comprimer quand ces besoins se développent davantage. Elle fait tout le contraire de ce qu'elle devrait faire. Cela tient, il est vrai, aux vices fondamentaux de son organisation. Mais l'existence de ces vices est une raison de plus pour que les administrateurs se montrent prévoyants et sévères dans la gestion qui leur est confiée. En ce moment, la circulation fiduciaire s'élève à 1,011 millions, contre une réserve de 772 millions, tandis que les comptes courants présentent un chiffre de 384 millions (1). Vienne une diminution un peu marquée dans cet encaisse factice, la Banque sera prise d'une panique qu'elle communiquera à la communauté tout entière, en élevant son escompte à un taux de 6, 7, 8 ou 9 0/0. Elle amènera de la sorte tous les maux à la fois : la peur, la hausse de l'intérêt, la restriction de la monnaie fiduciaire, la contraction de ses avances et le retrait de la monnaie métallique, qui avait quitté ses coffres pour prendre sa place légitime dans les canaux de la circulation, et, ce qui est pis encore, une crise monétaire, mais une crise monétaire purement artificielle, et que déterminera son mécanisme défectueux.

IV.

Une opinion nouvelle tend à s'accréditer aujourd'hui, qui ne veut pas que les banques d'émission puissent escompter au-dessous du taux marché.

A cette opinion nous répondrons que vouloir que la Banque puisse élever son escompte au-delà d'un maximum qui lui serait imposé, c'est méconnaître entièrement les lois qui ont présidé à l'institution des banques d'émission, et notamment la pensée du fondateur de notre grand établissement de crédit.

Le 10 mai 1810, Napoléon Ier écrivait à M. Mollien dans ces termes :

« Ce que vous devez dire au gouverneur de la Banque de France et aux régents, c'est qu'ils doivent écrire en lettres d'or dans le lieu de leur assemblée ces mots : Quel est le but de la Banque de France? D'escompter les crédits de toutes les maisons de commerce de France à 4 0/0. »

Il disait une autre fois :

« S'il se trouvait dans l'Empire des points où l'on ne peut se procurer l'argent à 4 1/2 0/0, la Banque de France manquerait au but en vue duquel elle a été constituée, et perdrait ses droits à la faveur qui lui a été accordée par la concession d'un grand privilége. »

(1) Voir bilan du 11 avril 1867.

Telle était l'intention du créateur de la Banque : il entendait qu'elle n'escomptât pas au-dessus de 4 0/0.

Voyons quelles sont les objections que l'on fait aux règles et aux principes que le premier Empereur professait en matière de crédit basé sur l'émission.

« Napoléon s'imaginait trop aisément que l'on pouvait faire manœuvrer les taux de l'escompte comme on apprend l'exercice à un régiment; il ne comprenait pas les conditions complexes de l'intérêt. » (M. Wolowski).

« Mais s'il (Napoléon) ne se trompait pas en regardant le billet de Banque comme tenant d'une concession de l'État la vie et le mouvement, il se trompait largement en croyant qu'il est des priviléges assez efficaces pour conférer à une banque quelconque la faculté de fournir en tout temps, au même prix, l'argent dont le commerce peut avoir besoin. » (M. Passy).

« L'immobilité du taux de l'escompte, quelque soit le prix du numéraire, et à côté l'obligation incessante d'assurer le remboursement métallique des billets payables au porteur et à vue, aboutirait tôt ou tard au cours forcé, à moins de recourir à des mesures arbitraires bien autrement onéreuses pour le commerce que l'élévation du taux de l'intérêt. » (Pétition de la Banque).

« S'il est plus abondant (le capital) que les besoins, le taux de l'intérêt s'abaisse ; il s'élève au contraire si le capital est rare, et la Banque est bien obligée de suivre ses mouvements, sous peine, si elle maintient le taux de son escompte à un taux supérieur à celui du marché, de ne pas faire d'opérations, car on ira se faire escompter ailleurs, et son capital restera improductif, — sous peine, d'autre part, d'être débordée dans son capital, si elle le maintient à un taux inférieur, car alors les demandes afflueront de toutes parts; son capital sera vite absorbé, et elle n'aura plus rien pour continuer ses opérations, pour rembourser ses billets au porteur et pour répondre aux demandes de retrait de ses dépôts, qui deviendront d'autant plus nombreuses qu'on saura la Banque embarrassée. Elle sera dans l'alternative également funeste, ou de cesser ses opérations, ou de suspendre ses paiements, ou de faire décréter le cours forcé. On a beau s'en défendre, le cours forcé est au bout de tout système qui, en fait de Banque, prétend réagir contre les conditions générales du marché, contre les rapports de l'offre et de la demande. » (M. Bonnet).

Nous venons de voir en présence deux opinions divergentes : celle de Napoléon, qui entendait obtenir de la Banque un intérêt modéré ne pouvant dépasser quatre pour cent, et celle de quelques économistes, qui déclarent qu'on ne peut établir un maximum en matière d'escompte, même quand il s'agit d'une banque d'émission. De quel côté est la vérité ?

Il est reconnu que la Banque ne prête pas d'argent, mais bien de la monnaie de papier présentant des garanties suffisantes de solidité. Elle n'a pas été instituée pour procurer du numéraire au commerce : ce qu'elle doit lui fournir, c'est de la monnaie fiduciaire constamment convertible, et faisant, à cause de cette convertibilité même, office de numéraire. La preuve qu'elle ne doit pas prêter de monnaie métallique résulte de son organisation même; ellé n'a pas d'encaisse en métal précieux et elle ne paie aucun intérêt aux déposants pour appeler le numéraire dans ses coffres. Lors même qu'elle aurait un encaisse réel, la Banque ne prêterait pas d'argent; elle ne ferait usage de cet encaisse que pour rembourser une partie de sa monnaie fiduciaire, dans le cas où quelques-uns de ses billets abandonneraient la circulation. La base de ses opérations s'appuie sur la monnaie fiduciaire. Cette monnaie, qui doit sa naissance à un privilége spécial, qui ne repose que sur le crédit, et qui est instituée uniquement pour venir en aide aux affaires, peut être tarifée, et elle doit l'être. Celui qui crée cette monnaie fictive peut régler les conditions sous lesquelles elle sera émise.

Elle jouira des avantages de la circulation, mais sous telles ou telles conditions déterminées. Si elle ne veut pas accepter ces conditions, elle ne verra pas le jour. Mais elle ne rejetera pas la loi du maximum qu'on voudra lui imposer, pourvu que ce maximum lui laisse la possibilité d'obtenir une rémunération suffisante. Elle sera trop heureuse, elle qui n'est qu'un signe, d'obtenir des bénéfices qui donneront à l'encaisse en vertu duquel elle pourra fonctionner, un intérêt égal deux ou trois fois à 4 0/0.

Une Banque d'émission ne doit pas prêter d'argent, puisqu'elle n'en a pas, ou que celui qu'elle a n'est pas destiné à cet usage, et qu'elle ne peut pas s'en procurer par voie d'emprunt. Si elle empruntait afin d'obtenir les ressources nécessaires à l'entretien de ses opérations, elle perdrait son caractère de banque d'émission et deviendrait une simple banque de dépôt. Mais elle n'emprunte pas, et elle ne doit pas plus emprunter qu'elle ne doit faire de prêts en argent. Les avances qu'elle fait, elle les fait avec de la monnaie fiduciaire. Son encaisse est tout simplement destiné à faciliter la circulation de ses billets et assurer leur convertibilité. D'ailleurs, la réserve ne représente qu'un tiers de la valeur de la monnaie fiduciaire dont la banque d'émission peut faire usage. Pourquoi alors lui accorderait-on la faculté de suivre le taux marché, quand l'argent n'entre que pour une si faible portion dans son capital? Mais encore une fois, cet argent n'est pas destiné à être prêté; il a pour mission de permettre à la Banque de faire face à ses opérations d'escompte à l'aide de ses billets (1).

Une banque d'émission qui ne prête que de la monnaie fiduciaire peut donc être tenue de procurer des avances au commerce à un taux qui ne dépassera pas 4 0/0. Mais pourrait-elle lui fournir tout ce dont il aurait besoin, comme paraît le dire M. Passy? En aucune façon. Evidemment le chiffre de ses avances ne pourra jamais aller au-delà de celui des émissions qu'elle aura la faculté de faire en vertu de sa réserve. Les avances d'une banque d'émission sont toujours limitées. Elle peut constamment les renouveler; il lui est impossible de dépasser un certain chiffre qui est déterminé par la loi, quand elle est soumise à des règlements bien faits. Mais il ne serait pas loisible à une banque qu'on affranchirait du maximum

(1) On estime généralement que les banques d'émission doivent avoir un encaisse métallique égal au tiers de la somme de monnaie fiduciaire qu'elles sont autorisées à émettre.

dans le taux de son escompte, d'accorder des crédits plus larges. Elle aussi serait bornée par l'étendue que ses émissions pourraient atteindre sans danger. Il y a quelque chose de mieux : c'est que la Banque, organisée comme nous l'entendons, ferait, tout en étant assujettie à un maximum, des avances beaucoup plus considérables que ne pourrait le faire la Banque constituée comme elle l'est aujourd'hui, et affranchie de ce maximum.

Il est facile de se convaincre de l'exactitude de nos affirmations sur la différence des avances, par des calculs reposant sur des données incontestables.

La Banque de France n'a pas d'encaisse, ou plutôt elle n'a qu'un encaisse factice. Il lui arrive quelquefois de faire entrer dans la circulation pour plus d'un milliard de monnaie fiduciaire. En outre, ses avances sur effets de commerce, effets publics, lingots, actions et obligations, atteignant, à certains jours, jusqu'à la somme de 8 ou 900 millions.

Cela se fait très-bien, et les choses se passent pour le mieux tant que les affaires ont une marche modérée. Mais si un mouvement plus rapide survient tout-à-coup, une diminution subite se manifestera dans l'encaisse, parce que les fonds qui le composent trouveront un emploi lucratif. Immédiatement la Banque élèvera son escompte pour chercher à restreindre, par tous les moyens en son pouvoir, la circulation fiduciaire, la circulation métallique et les avances qu'elle fait au commerce et à l'industrie. Elle réduira la circulation fiduciaire pour avoir besoin d'un encaisse moins fort et la circulation métallique, en attirant du numéraire dans ses coffres, pour se faire, autant qu'il y a lieu, une apparence d'encaisse.

Le commerce et l'industrie souffrent de cette élévation de l'escompte, de ce retrait de monnaie métallique, de cette restriction de monnaie fiduciaire ; ils souffrent aussi de la contraction des avances, mais ils souffrent surtout des crises monétaires factices, qui en sont fatalement la conséquence forcée.

Avec un encaisse réel les choses se passeraient tout autrement :

1° La Banque ne se verrait plus obligée de forcer le retrait des billets qu'elle aurait lancés dans la circulation, puisqu'elle n'aurait pas à se préoccuper de son encaisse, qui ne pourrait lui échapper comme le ferait une réserve formée de dépôts en comptes courants ;

2° Elle ne décrèterait aucune mesure pour faire entrer dans ses coffres une partie du numéraire circulant, dans le but de rétablir sa réserve, puisqu'elle posséderait une réserve propre ;

3° Elle n'aurait nul besoin de restreindre ses avances afin d'arriver à refaire son encaisse, qu'elle entretiendrait très-facilement par quelques achats d'or aux époques, très-rares, où cet encaisse diminuerait d'une manière inquiétante, par suite d'une conversion trop considérable ;

4° L'industrie et le commerce n'auraient plus à payer les surélévations d'escompte qui leur sont si souvent infligées depuis environ dix ans ;

5° Enfin, on ne verrait plus se produire ces crises monétaires factices que la Banque détermine, à des intervalles rapprochés, en élevant son escompte.

En janvier 1864 , les billets émis par la Banque s'élevaient à. .   813 millions.

Son encaisse s'élevait à . . . .   169 —

De telle sorte qu'elle pourvoyait aux besoins de la circulation

jusqu'à concurrence de . . . .   644 millions.

Mais à partir de ce moment elle contracte fortement le crédit, et elle s'efforce, en maintenant l'escompte élevé, de reconstituer sa réserve, qui s'est trouvée réduite à 169 millions. Ses mesures ont pour objet d'abaisser, en décembre, la la circulation fiduciaire à . . . . 722 millions.

Et de relever l'encaisse métallique à la somme de. . . . . . . 355 —

En sorte qu'elle ne contribuait plus à l'entretien de la circu-

lation que pour.   . . . . 367 millions.

Le 1ᵉʳ janvier 1864, les avances générales de la Banque se composaient ainsi :

Circulation fiduciaire . . . . 813 millions.

Portefeuille. . . . . 752 —

Avances sur lingots . . . . 15 —

—   sur effets publics . . . . 44 —

—   sur actions et obligations. . . . . 72 —

Soit en tout. . . . . 1,696 millions.

En décembre, les choses étaient dans la situation suivante :

Circulation fiduciaire . . . . 722 millions.

Portefeuille. . . . . 567 —

Avances sur lingots . . . . 20 —

—   sur effets publics . . . . 23 —

—   sur actions et obligations. . . . . . 44 —

Soit . . . . 1,376 millions. 1,376 millions.

Ce qui constituait une diminution de. . . . . 320 millions.

Mais en janvier, l'encaisse n'était que de. . . . 169 millions.

En décembre il s'élevait à. . . . . 355 —

De sorte que la Banque avait prélevé sur la cir-

culation, pour refaire cet encaisse. . . . . 186 — 186 —

De telle manière que la diminution totale s'élevait à. . . . . . 506 millions.

Les secours que la Banque donne aux affaires, sous toutes les formes, se trouvaient donc réduites à 1,190 millions.

Une contraction de crédit de 506 millions sur 1,696, et cela à une époque où les affaires auraient plutôt besoin de voir augmenter les avances que de les voir diminuer, n'est-ce pas la chose la plus fâcheuse qui puisse arriver au commerce et à l'industrie. Aussi, ces contractions amènent-elles avec soi des embarras très-grands et des difficultés sérieuses. — Une crise monétaire factice en est toujours la conséquence fatale.

Si, au lieu d'un encaisse fictif, la Banque avait un encaisse réel de 300 millions, comme nous le disons, qu'on juge quelle serait la différence dans les situations (1).

Avec un encaisse réel de 300 millions, la Banque pourrait étendre ses émissions de monnaie fiduciaire jusqu'à concurrence de 8 ou même de 900 millions.

Ces 900 millions, elle aurait la possibilité de les laisser dans la circulation tant que les besoins de la communauté commerciale les réclameraient, sans se voir jamais obligée de prendre aucune mesure pour en retirer quoi que ce soit, puisqu'il n'y aurait pour elle aucune nécessité de diminuer ses émissions en vue de son encaisse, qui ne pourrait lui échapper. . . . . 900 millions.

Comparés à ce que la Banque fournissait à la circulation en décembre 1864 (elle donnait 367 millions). . . . . 367 —

Ces 900 millions procureraient un accroissement de monnaie circulante offrant une importance considérable de 533 millions. 533 millions.

Et puis, au lieu de pourvoir aux escomptes et aux avances pour 655 millions, comme elle le faisait en décembre 1864 . . . . 655 millions.

Elle pourrait y pourvoir jusqu'à concurrence de 900 millions.. . . . . 900 —

Ce qui ferait, de ce chef, une augmentation de 245 millions. 245 —

En ajoutant ensemble les deux excédants on trouve que, si la Banque avait un encaisse réel, elle pourrait procurer aux affaires, dans les moments difficiles, 778 millions plus qu'elle ne

le fait aujourd'hui avec son encaisse factice. . . . . 778 millions.

Qui n'aperçoit de suite l'immense avantage qu'offrirait un tel état de choses. Il soustrairait la communauté aux hausses factices de l'intérêt, aux contractions de crédit, aux restrictions de la circulation métallique et fiduciaire et aux crises monétaires artificielles que la Banque occasionne par ses élévations d'escompte.

Au lieu de voir les crédits se restreindre et la monnaie métallique et fiduciaire lui échapper, comme en ce moment, lorsqu'arrivent les hausses de l'intérêt, la communauté conserverait toutes les avances que la Banque lui aurait faites; non-seulement elles conserverait ces avances, mais elle pourrait les obtenir plus abondantes et plus considérables.

Si on multiplie la différence des avances que la société conserverait ainsi à sa disposition, par la durée moyenne des prêts commerciaux et industriels, on admettra, sans conteste, que cette différence serait bien quelque chose.

---

(1) Nous adoptons ce chiffre de 300 millions, à cause des besoins actuels du commerce et de l'industrie, qui paraissent réclamer une circulation fiduciaire proportionnée à un encaisse de cette importance.

Cet encaisse réel aurait pu se fournir à différentes époques et dans des temps qui ne sont pas encore bien éloignés de nous ; il pourrait encore se constituer aujourd'hui sans enlever un centime à la circulation intérieure du pays. La France, tout le monde le sait, a fait depuis quinze ans de nombreux placements à l'étranger, et est elle appelée à en faire tous les jours si la prospérité dont elle a joui pendant quelques années continue. Que sont devenues les sommes qui ont servi à ces placements ? Elles ont franchi nos frontières et ont disparu de notre circulation. Elles formaient des excédants dont nous n'avions nul besoin. De ces sommes une grande partie a été perdue dans des placements aventureux. Demandez aux prêteurs qui ont fourni des fonds au Mexique, à l'Espagne, à d'autres pays encore, et à un grand nombre d'industries étrangères, ce qu'est devenu leur argent. Si, lors de ces appels de fonds, la Banque avait ouvert une souscription pour former un encaisse de 300 millions, afin d'arriver à établir un encaisse réel, elle aurait réuni dix fois cette somme, même en acceptant la condition de se soumettre à un maximum d'intérêt et d'avoir un capital de garantie. Ces 300 millions auraient-ils été détournés de notre circulation ? Nullement. Au lieu d'aller en Allemagne, en Amérique, en Espagne et ailleurs, dans des emprunts d'État et des industries dont la situation est des plus déplorables, ils seraient entrés dans les coffres de la Banque où ils se trouveraient encore. On pouvait donc former un encaisse réel sans nuire en quoi que ce soit aux besoins de la circulation. Cette objection faite à la réalisation d'un encaisse métallique propre à la Banque une fois écartée, quelles raisons pourraient-elles donc encore subsister qui s'opposeraient à cette réalisation pour l'avenir ?

L'encaisse réel est donc possible, et il peut se constituer sans nuire en rien à la circulation. Il n'y a même pas d'économie à s'en passer, puisque les capitaux qui le formeraient s'en vont à l'étranger pour y chercher des placements où ils se trouvent quelquefois compromis.

Ainsi, avec un encaisse réel, la Banque ne pourrait pas faire des avances toujours plus larges au commerce, mais elle serait à même de lui faire des avances d'une certaine étendue, et, nous l'avons établi, beaucoup plus importantes que celles qu'elle fait en ce moment ; elle lui ferait des avances sérieuses sur lesquelles il pourrait compter et qu'elle ne viendrait pas lui redemander bientôt et à un moment où il en a plus besoin que quand elle les lui procurait. Elle ne le rançonnerait pas non plus par un énorme exhaussement d'escompte qui n'aurait pas sa raison d'être, et elle cesserait de lui infliger des crises monétaires artificielles dont elle est seule la cause.

Avec une pareille situation, la Banque n'aurait pas à craindre de ne pas pouvoir rembourser à vue ses billets au porteur, ni de n'être pas en mesure de répondre aux demandes de retrait de ses dépôts, ni enfin d'aboutir nécessairement au cours forcé, comme le dit M. Bonnet.

Le seul embarras que pourrait éprouver la Banque, ce serait de voir sa monnaie fiduciaire devenir insuffisante. Mais, avec une réserve et une émission proportionnées aux besoins de la communauté, cette insuffisance ne se montrerait qu'à de rares intervalles. Dans ces circonstances, elle entretiendrait son fonds de roulement par quelques achats d'or, comme elle le faisait autrefois; et si elle n'y pouvait arriver qu'à des conditions trop dures, elle agirait alors par voie de réduction des échéances, comme cela s'est pratiqué en 1813, 1814, 1818, 1855, 1856 et 1857. Soutiendrait-on que ce mode de procéder, par voie de réduction des échéances, serait plus dommageable au commerce et à l'industrie qu'une forte élévation d'escompte qui lui laisserait, du moins, la possibilité de se procurer les ressources dont ils auraient besoin. Mais quand on dit qu'avec l'escompte élevé, l'industrie et le commerce ont la certitude de trouver l'argent qui leur est nécessaire, il nous semble que l'on commet une singulière méprise. En effet, la Banque détermine dans ces moments une contraction énergique de la monnaie métallique et de la monnaie fiduciaire; de plus, elle diminue considérablement ses avances. Les restrictions de crédit et la contraction monétaire enlèvent aux affaires plus de 500 millions, et cela aux époques les plus critiques. Singulier moyen de procurer des ressources à ceux qui en ont besoin, que de leur arracher 500 millions sur 1,600. Avec les réductions des échéances, sagement mesurées, les avances ne seraient point amoindries, les restrictions monétaires n'auraient point lieu et il ne s'opérerait aucun vide artificiel dans les canaux de la circulation. Si le papier à échéance de quatre-vingt-dix jours ne pouvait se faire admettre à la Banque, il trouverait des facilités plus grandes pour se faire escompter dans les banques de dépôt qui seraient mieux pourvues, puisque la Banque n'enlèverait rien à la circulation pour refaire son encaisse. Non-seulement il trouverait dans ces banques des facilités plus grandes, mais les avances qu'il obtiendrait lui seraient faites à meilleur compte, puisqu'il n'y aurait pas de hausses artificielles de l'intérêt comme celles que la Banque amène actuellement. Dailleurs, les réductions des échéances ne seraient jamais considérables, si nous en jugeons par le passé.

Le maximum de ces échéances fut réduit :

Du 4 octobre 1855 jusqu'au 13 février 1856, à soixante-quinze jours ;

Dn 6 octobre 1856 jusqu'au 25 décembre suivant, à soixante jours ;

Du 26 décembre 1856 jusqu'au 26 février 1857, à soixante-quinze jours.

Et encore est-il bon de faire remarquer qu'avec un encaisse suffisant on pourrait peut-être échapper à ces réductions d'échéances.

La Banque a bien maintenu le taux de son escompte à 4 0/0 pendant quarante ans, pourquoi ne pourrait-elle plus l'y maintenir désormais, puisqu'il est démontré qu'elle ne prête pas d'argent, puisqu'elle peut conserver une réserve réelle sans recourir à l'élévation de l'intérêt?

Et puis n'est-ce rien que de faire disparaître ces crises monétaires factices, que la Banque occasionne elle-même à des dates si rapprochées, par ses élévations d'escompte?

Nous accusons la Banque de produire des crises monétaires et nous avons fait voir comment elle les amène. Ces crises se manifestent depuis une dizaine d'années, c'est-à-dire précisément depuis la mise en vigueur des nouvelles mesures qu'elle a adoptées.

Les crises dont nous parlons c'est la Banque qui les amène par la restriction de la circulation fiduciaire, par la restriction de la circulation métallique et par la contraction des avances qui sont la conséquence des fortes élévations qu'elle imprime à l'escompte. Elle élève le taux de l'intérêt jusqu'à ce que le résultat qu'elle cherche à atteindre soit enfin produit. Ce résultat c'est la reconstitution d'un encaisse sans consistance et d'une durée tout-à-fait éphémère, quand les affaires reçoivent une certaine impulsion.

Considérez comme les faits s'enchaînent avec une logique rigoureuse ! Nous affirmons qu'en élevant le taux de l'escompte, la Banque restreint la circulation fiduciaire et la circulation métallique ainsi que les avances ; et c'est à partir du moment où elle a eu recours aux fortes hausses du taux de l'intérêt, que les crises monétaires se multiplient et se succèdent avec rapidité.

En 1857, on a doublé le capital de la Banque. A quoi a servi ce doublement ? Il n'a servi à rien au point de vue de l'encaisse. Etablissons-le en mettant en regard les sept années qui ont suivi le doublement et les sept années qui l'ont précédé. Nous n'avons pas les chiffres pour 1865 ; nous allons donc prendre pour point de départ 1851, de sorte que nous nous arrêterons à 1864. Voici quels ont été les maxima et les minima d'encaisse dans ces deux périodes :

Période antérieure au doublement.				Période postérieure au doublement.			
	MAXIMA.	MINIMA.			MAXIMA.	MINIMA.	
1851	626 millions.	475 millions.		1858	593 millions.	251 millions.	
1852	621 —	511 —		1859	644 —	518 —	
1853	534 —	316 —		1860	551 —	431 —	
1854	498 —	280 —		1861	412 —	285 —	
1855	440 —	211 —		1862	418 —	295 —	
1856	286 —	163 —		1863	394 —	205 —	
1857	284 —	189 —		1864	355 —	169 —	
Totaux	3,289 milions.	2,145 millions.			3,367 millions.	2,154 millions.	

Dans la période qui précède le doublement du capital de la Banque, les maxima ont atteint. . . . . 3,289 millions.

Ils se sont élevés dans la période qui l'a suivi, à. . . . . . . 3,367 —

De telle sorte que l'avantage obtenu par cette dernière période, est de. . . . . 78 millions.

Soit en moyenne 11 millions par an.

Quant à l'écart des minima, il n'est que de 9 millions, ce qui fait une différence d'environ 1 million par année.

Voilà le grand résultat qu'a donné le doublement du capital de la Banque, sous le rapport de l'encaisse.

On a doublé le capital en 1857; si on le doublait encore en ce moment, on resterait toujours dans la même fausse situation. Ce n'est pas un nouveau capital de garantie qu'il faut à la Banque; ce dont elle a besoin, c'est un encaisse réel, c'est une réserve en espèces métalliques.

V.

Comme on se le rappelle, l'augmentation du capital de la Banque a eu lieu en vertu d'une loi des 9 et 10 juin 1857.

On lit dans l'exposé des motifs de cette loi :

« Depuis quelques temps, et particulièrement à la fin de l'année dernière (1856), l'opinion publique a réclamé l'augmentation de ce capital ; nous vous proposons de lui donner satisfaction . . . .

. . . .

« Mais, continue l'exposé des motifs, c'est pour nous un devoir de déterminer avec netteté l'importance et les effets de cette augmentation du capital de la Banque et de chercher à empêcher l'opinion publique de s'égarer à cet égard. Ce serait, en effet, se tromper que de voir dans la mesure proposée un remède destiné à prévenir toutes les crises, à répondre à tous les besoins du commerce, de l'industrie et de la spéculation, et qui puisse dispenser de tout esprit de prudence, de modération et d'économie; des illusions si exagérées entraîneraient après elles de cruels mécomptes.

« Les mesures restrictives que la Banque a été, dans ces derniers temps, obligée de prendre, soit en ce qui concerne ses escomptes au commerce, soit en ce qui concerne ses avances sur dépôts de titres, ont été nécessitées par la diminution de son encaisse métallique. Or, il n'existe aucun rapport direct et nécessaire entre cet encaisse et la quotité de son capital. Ce sont-là deux choses parfaitement distinctes quant à leur nature, quant à leur origine, et surtout quant à leur objet; tellement distinctes, qu'elles peuvent exister l'une sans l'autre, que l'une peut s'accroître quand l'autre diminue, que l'une peut être surabondante quand l'autre ne répond plus aux besoins. Avec un capital triple, la Banque pourrait avoir très-peu de numéraire dans ses caisses, et elle pourrait avoir 600 millions avec un capital très-inférieur à celui qu'elle a aujourd'hui. L'indépendance de ces deux éléments se vérifie à chaque instant; depuis bien des années, le fonds social de la Banque a peu varié, lorsque l'encaisse, au contraire, varie de mois en mois, de jour en jour, de minute en minute.

« Comment pourrait-on croire que le fonds social est de nature à influer sur l'encaisse quand on voit qu'avec un capital de 67,900,000 fr. l'encaisse métallique de la Banque est tombé, en 1814, à 5,537,600 fr. et à 34 millions en 1818, tandis qu'avec un capital un peu plus considérable, il est vrai, il a été de plus de 600 millions en 1851 et 1852, pour descendre à 159 millions au mois d'octobre dernier, et être actuellement de 230 ?

« Mais alors, dira-t-on, pourquoi augmenter le capital de la Banque ? Nous allons en dire en peu de mots la raison.

« Dans une institution qui est tout à la fois une banque de dépôt, d'escompte et de circulation, le fonds social est surtout un fonds de garantie destiné à couvrir les pertes qu'il pourrait essuyer sur les valeurs de son portefeuille, et, par suite, à assurer la confiance du public dans ses billets. C'est, comme l'a dit la note du Havre, en date du 29 mai 1810, *Moniteur* du 29 janvier dernier, une espèce de *cautionnement* que les actions donnent au public. En l'augmentant, on ne peut qu'accroître le crédit de la Banque, et, par conséquent, la force de son action. »

L'opinion publique réclamait donc l'augmentation du capital de la Banque, et elle demandait que notre grand établissement financier fût placé dans une position à pouvoir répondre d'une manière plus convenable aux besoins du commerce, de l'industrie, et même à ceux de la spéculation. Voilà ce que voulait l'opinion ; et elle croyait arriver aux fins qu'elle indiquait par une augmentation de capital. L'opinion ne se trompait pas. Mais pour la Banque, il y a capital et capital ; il y a, d'une part, le capital de garantie, et, de l'autre part, le capital composé des fonds disponibles de la réserve. Lequel de ces deux capitaux devait-on augmenter ? Pour donner une vraie satisfaction à l'opinion, il eût fallu accroître celui qui permettrait d'étendre les avances et de les rendre sérieuses et durables, car c'était là ce qu'elle demandait. Mais au lieu d'accroître le capital-encaisse avec lequel on pouvait atteindre ce double résultat, on a augmenté le capital de garantie. On a précisément procédé à l'inverse de ce qu'on aurait dû faire.

De quoi, en effet, s'était émue l'opinion ? Mettait-elle la solvabilité de la Banque en suspicion ? Se préoccupait-elle des garanties qu'elle offrait aux porteurs de ses billets ? En aucune façon. La confiance qu'inspirait la Banque était à toute épreuve et n'avait subi aucune altération. Ce qui préoccupait l'opinion, c'était la nécessité de procurer au crédit une extension et une stabilité jugées nécessaires en présence du développement que prenaient les transactions quotidiennes. On avait été frappé de l'insuffisance des moyens d'action de la Banque, en 1855, en 1856 et au commencement de 1857. On avait vu dans ces années l'escompte s'élever pour la première fois à 6 0/0. La Banque avait ajouté, à plusieurs reprises, la réduction des échéances à la hausse de l'intérêt. L'état de choses qui se produisait alors inquiétait le commerce et l'industrie, qui l'attribuaient à sa cause véritable, c'est-à-dire à l'insuffisance du capital, mais du capital-encaisse de la Banque. La manifestation de l'opinion publique n'avait qu'un but : obtenir le remède au mal nouveau qui venait de faire son apparition. Ce remède, le public croyait l'apercevoir dans une émission fiduciaire plus large et plus solidement assise. Or, le seul moyen qu'il y eût d'y parvenir, c'était d'élever la réserve. Le public demandait l'augmentation du capital qui pouvait apporter avec lui l'extension et la fermeté du crédit. Ses réclamations ne tendaient qu'à ce résultat. La preuve que c'était bien là ce qu'il voulait, se trouve, d'ailleurs, dans les termes de l'exposé des motifs lui-même, qui déclare nécessaire de chercher « à empêcher l'opinion de s'égarer à ce sujet. » La société avait en vue un accroissement de capital qui pût permettre à la Banque de faire des avances plus larges et plus stables; elle ne songeait pas à l'accroissement du capital de garantie. Si elle eût demandé l'augmentation de ce dernier capital, il aurait fallu augmenter les deux capitaux, car il était indispensable d'accroître le capital-encaisse. A quoi bon, en effet, fortifier le fonds de garantie, si la base qui pouvait servir à développer le chiffre des émissions et la solidité du crédit n'était pas elle-même élargie? L'augmentation portant uniquement sur le capital de garantie ne devait être qu'un leurre. Les faits qui se sont accomplis depuis 1857 n'ont malheureusement que trop prouvé qu'il en a été bien réellement ainsi.

Nous avons vu plus haut que cette base était restée à peu près la même, malgré le doublement du capital de la Banque, et que la différence entre les encaisses antérieurs à 1857, et les encaisses postérieurs à cette date, est insignifiante. Encore, pourrait-on affirmer que la légère augmentation qui s'est manifestée est due à la création des nouvelles succursales qui reçoivent leur part des dépôts. L'addition faite au capital de garantie n'a amené par elle-même aucune amélioration pour l'extension et la stabilité du crédit. Ainsi, la Banque a fait fausse route, et en doublant son capital de garantie, elle n'a pas répondu à l'attente du monde des affaires. Les personnes qui s'occupent de négoce et d'industrie sollicitaient des avances plus importantes et un crédit plus assuré. Elles pensaient que le moyen d'arriver à ce double but était dans l'augmentation du capital. Nous avons dit que la Banque a deux capitaux distincts. Mais pour le public, le capital qui devait être accru, c'était celui qui pouvait servir de point d'appui aux émissions qu'elle est appelée à faire. La loi de 1857 a fourni aux billets un supplément de garantie qui n'était demandé par personne, et qui, d'ailleurs, n'était pas utile si on ne procurait pas en même temps à la Banque la possibilité d'étendre et de maintenir son émission fiduciaire et ses avances. Pourquoi, en effet, une garantie nouvelle pour des billets qui ne peuvent entrer ou qui ne peuvent se maintenir dans la circulation, faute d'encaisse? L'émission ne peut régulièrement se développer que si l'encaisse est plus fort. Or, l'accroissement du capital de garantie n'a aucune influence pour faire augmenter les fonds d'encaisse de la Banque; car, comme le dit lui-même l'exposé des motifs : « Il n'existe aucun rapport direct et nécessaire entre cet encaisse et la quotité de son capital. »

Le capital de garantie ne peut donc rien pour grossir la réserve, de même qu'il ne peut rien pour favoriser l'étendue de l'émission et le développement du crédit, ni leur stabilité, ce qui est pourtant chose de haute importance. Le sens de la manifestation de l'opinion publique a été mal interprété, et la loi n'a pas apporté à cette opinion la satisfaction qu'elle réclamait.

Il est arrivé plus d'une fois à la Banque, depuis 1857, de donner à son émission fiduciaire des proportions considérables, et ses billets ont toujours rencontré dans la circulation le meilleur accueil. Mais cet accueil favorable, ils le recevaient avant l'adoption des nouvelles mesures. Que si l'augmentation du fonds de garantie a donné aux billets un surcroît de solidité dont ils n'avaient nul besoin, et que personne ne pensait à réclamer, cette augmentation n'a pas eu la propriété d'assurer leur convertibilité immédiate. Cependant, en matière de banque d'émission, la convertibilité constante des billets est la condition première, la condition essentielle. Mais cette convertibilité ne peut devenir effective qu'au moyen de l'encaisse. On estime généralement que cet encaisse doit représenter le tiers des billets émis. Sans augmentation d'encaisse, il n'y a donc pas lieu à augmentation de l'émission. La Banque est elle-même imbue de ces idées; la conduite qu'elle tient en témoigne tous les jours. D'ailleurs, ne disait-on pas en son nom, dans l'exposé des motifs de la loi de 1857 : « Les mesures restrictives que la Banque a été, dans ces derniers temps, obligée de prendre, soit en ce qui concerne ses escomptes au commerce, soit en ce qui concerne ses avances sur dépôts de titres, ont été nécessitées par la diminution de son encaisse métallique ? »

Ainsi, la Banque comprime ses avances et contracte l'émission, à cause de la diminution de son encaisse métallique. Comment se fait-il, alors, que, simplement appuyée sur un encaisse factice dont elle reconnaît et proclame le caractère mobile et inconstant, et sur un simple capital de garantie, qui, de son propre aveu, n'ajoute rien à la réserve et en est complètement distinct, elle ait fait souvent, depuis 1857, des émissions encore plus larges qu'autrefois. Elle préparait ainsi les cruels mécomptes qui sont survenus. Effectivement, nous avons vu toutes ces larges émissions suivies d'une forte contraction qui allait jusqu'à déterminer des crises monétaires artificielles. La dernière loi sur la Banque a été faite pour remédier au mal dont la société se plaignait, et ce mal a encore empiré. Il a empiré, parce qu'on a donné trop d'extension à des émissions qui n'avaient qu'une base fragile, au lieu de renfermer ces émissions dans des limites raisonnables que l'accroissement du capital de garantie ne pouvait pas permettre de franchir. Le mal est donc plus grand qu'il n'était, car aux souffrances anciennes sont venues s'ajouter celles qui naissent des crises monétaires et des hausses démesurées de l'escompte. Le public faisait entendre des plaintes en présence d'un taux d'intérêt qui atteignait 6 0/0 ; comme remède, on lui offre bientôt des fonds à 10. Il a eu, par-dessus le marché, le genre d'embarras monétaire dont nous parlions tout-à-l'heure, et qui était inconnu auparavant.

L'aggravation du mal est venue des illusions qu'a fait naître l'accroissement du capital de garantie. Mais puisque la Banque déclarait qu'elle prenait des mesures restrictives à cause de la diminution de son encaisse métallique, ce qui équivalait à dire, à cause de son insuffisance, n'eût-elle pas dû, quand il a été question du renouvellement de son privilége, demander un capital-encaisse plutôt qu'un nouveau capital de garantie ? L'augmentation de ce dernier capital devait laisser sa réserve soumise aux mêmes fluctuations que précédemment, et assujettie aux mêmes affaissements. Le remède proposé n'était pas un remède; ce n'était même pas un paliatif, c'était un expédient. En présence des déclarations contenues dans l'exposé des motifs, nous en sommes encore à nous demander comment on est arrivé à conclure à l'augmentation du capital de garantie, et non à l'accroissement du capital-encaisse. Avec les prémisses qui étaient posées, la conclusion dans ce dernier sens paraissait inévitable. Il faut convenir que l'esprit humain est parfois sujet à des aberrations qu'il est bien difficile d'expliquer.

Pour nous, il est évident qu'on ne pouvait remédier au mal qui s'était manifesté, qu'en augmentant le capital qui sert de support à l'émission. C'était donc le capital-encaisse qu'il fallait accroître. L'augmentation du capital de garantie ne devenait nécessaire que si on procurait à la Banque un moyen sûr d'accomplir ses opérations dans les conditions que l'opinion appelait de ses vœux. Quelques efforts que l'on fasse pour accroître le capital de garantie, on n'arrivera jamais à un résultat satisfaisant, si on n'augmente pas du même coup le capital qui constitue la réserve. C'est cette réserve, composée de capitaux réels appartenant à la Banque, qui devrait servir de régulateur aux émissions.

Un capital quelconque qui servît à la Banque à étendre et à assurer le crédit, et qui empêchât la hausse de l'escompte de se produire artificiellement, voilà ce que comprenait l'opinion. La loi n'a pas satisfait ses désirs.

La commission du corps législatif avait proposé un amendement à l'article 4 de la loi. Cet amendement ne fut pas accueilli par le Conseil d'état. Voici comment s'exprimait le rapporteur à ce sujet :

« Permettez-nous, pour expliquer notre pensée, de vous signaler ici la divergence d'opinions qui nous sépare des honorables rapporteurs du Conseil d'état sur le principe qu'ils ont développé dans l'exposé des motifs, relativement à l'emploi qu'une institution de crédit comme la Banque de France doit faire de son capital.

« Ce capital ne doit pas être seulement un fonds de garantie, un cautionnement, et, en admettant cette idée pour le besoin du raisonnement, il faut de suite reconnaître que la garantie sera d'autant meilleure qu'il sera plus facile de la réaliser.

« Le capital actuel de la Banque de France est de 108,230,756 fr. 14 c. Or, nous voyons dans son dernier bilan qu'elle a 65 millions en rentes et 55 millions en bons du trésor.

« Le projet de loi vous propose de faire l'emploi en rentes des 100 millions qu'elle demanderait à ses actionnaires.

« Il résulterait de cet état de choses que, avec un capital de 200 millions, la Banque de France aurait plus de 200 millions placés en effets publics.

« Nous n'ignorons pas qu'il en est ainsi en Angleterre; que la Banque de ce pays a remis son capital entier à l'État; que même elle lui a quelquefois prêté, en outre, jusqu'à 350 millions; mais nous croyons que, dans les moments de crise, une institution de crédit a besoin d'un capital disponible pour répondre aux besoins de diverses natures qui peuvent se produire. Si ce capital n'est qu'un fonds de garantie, ou bien s'il est immobilisé d'une façon ou d'une autre, l'établissement est moins bien placé pour venir en aide au commerce et à l'industrie.

« Cette vérité n'est-elle pas suffisamment démontrée par l'expérience de ce qui s'est passé en 1846? La Banque de France, en rendant disponible une partie de son capital, qui était placé en rentes, et en recevant en échange une quantité considérable d'or et d'argent, n'a-t-elle pas fait une opération utile?

Ainsi, la commission était d'avis qu'un capital disponible pouvait avoir son utilité. Pour nous, un capital disponible est indispensable, non pas pour être employé directement à faire des avances, mais pour servir indirectement à en faire en donnant la possibilité d'étendre l'émission jusqu'à un chiffre déterminé et de maintenir cette émission en soutenant la réserve; car ce capital est, à proprement parler, ce qu'on appelle la réserve elle-même. En effet, la réserve réelle offre à l'émission un terrain ferme sur lequel elle peut s'appuyer sans crainte, et lui procure des fondements inébranlables que ne peuvent saper les retraits des déposants. Ce capital disponible a seul la vertu de constituer une réserve solide, inattaquable, sur la stabilité de laquelle on puisse compter, tant pour assurer la convertibilité constante de la monnaie fiduciaire émise, que pour donner aux affaires, par la présence d'un dépôt métallique d'une certaine importance, le moral dont elles ont besoin.

On connaît la mobilité et l'inconsistance des encaisses qui ont pour base les dépôts en comptes courants et les espèces reçues en échange d'une certaine somme de billets de banque. L'augmentation du capital de garantie ne peut rien pour l'extension ou le maintien de ces encaisses; l'expérience l'a démontré chaque année, depuis le moment où cette augmentation a eu lieu. Force est donc de recourir à l'encaisse réel si on veut procurer efficacement aux affaires le secours qui leur est utile et qu'elles réclament si instamment.

La première chose qu'il y eût à faire, c'était d'accroître le capital-encaisse; l'augmentation du capital de garantie aurait pu ne venir qu'après, pour le cas où elle eût été jugée nécessaire. En agissant comme on l'a fait, on n'a pas donné à l'opinion la satisfaction qu'elle demandait; on lui a donné un semblant de satisfaction. La satisfaction qu'on lui a accordée, elle n'en avait nul besoin, et elle ne la réclamait pas. La seule qu'elle désirât et la seule qui pût lui être de quelque profit, elle ne l'a pas obtenue.

L'opinion voulait une amélioration dans l'organisation et dans le service de la Banque; les faits qui se sont produits depuis la réforme qu'on a faite établissent que l'état de choses nouveau est beaucoup plus mauvais que l'ancien. En 1857, on se plaignait que le taux de l'escompte s'élevât à 6 0/0; il atteignait 10 moins de cinq mois après la promulgation de la loi, et il a été nombre de fois très-élevé à partir de ce moment. A cette hausse du taux de l'intérêt, il faut joindre les crises monétaires factices. Quant au chiffre de l'encaisse, il diffère à peine : en novembre 1856, il était de 163 millions; il n'était que de 169 en janvier 1864.

La question posée en 1857 n'a pas été résolue. Le moment est venu d'en préparer la solution. Cette solution sortira sans doute de l'enquête solennelle à laquelle il a été procédé avec tant de retentissement. Puissions-nous contribuer pour une faible part, si légère qu'elle soit, à l'amener enfin dans les limites du possible.

VI.

Il ne faut pas, avons-nous dit, que la Banque prétende agir d'une manière quelconque sur l'importation et sur l'exportation des métaux précieux par ses variation du taux de l'intérêt. Les mouvements que subissent les métaux précieux sont tout-à-fait étrangers aux fluctuations de l'escompte. Que l'intérêt atteigne 10 0/0 ou qu'il demeure à 3 ou à 4, l'importation et l'exportation ne sont pas plus affectées par lui dans un cas que dans l'autre. L'escompte n'y peut rien ; il n'agit qu'à l'intérieur du pays. Il nous semble que nous avons établi d'une manière suffisante que, en principe, le taux de l'intérêt ne peut pas plus attirer les capitaux étrangers en France, qu'il ne peut empêcher les capitaux français de franchir nos frontières. Pour vérifier si la théorie que nous professons sur ce point est conforme à la vérité, il convient d'examiner si les faits sont d'accord avec elle. C'est toujours aux faits qu'il faut en revenir en matière économique ; eux seuls nous donnent des enseignements d'une exactitude précise.

Les faits que nous interrogerons nous seront fournis par les tableaux de l'administration des douanes.

Nous prendrons pour point de départ 1827, et nous diviserons en deux séries les années sur lesquelles porteront nos observations.

La première comprendra les années écoulées de 1827 à 1853, c'est-à-dire une période de 27, ans durant laquelle l'escompte n'a jamais dépassé 4 0/0, excepté pendant quelques mois de 1847, où il s'est élevé à 5 (1).

Dans la seconde série figureront les années qui vont de 1854 à 1864.

Nous venons de dire que, pendant la première série, le taux de l'escompte n'avait jamais été supérieur à 4 0/0, sauf un peu en 1847. Malgré cela, les importations de numéraire ont toujours été supérieures aux exportations ; ce résultat n'a pas manqué une seule fois de se produire, et il s'est produit sans aucune intervention du taux de l'escompte.

La moyenne annuelle de l'excédant de l'importation sur l'exportation, pendant la période décennale allant de 1827 à 1836, s'est élevée à 101 millions.

Cette moyenne a été de 96 millions pour les dix ans écoulés de 1837 à 1846.

Pour la période qui va de 1847 à 1853, la moyenne annuelle a atteint 141 milllions.

Maintenant, voici quel a été le résultat des onze années révolues de 1854 à 1864.

(1) Nous ne mentionnons point les années antérieures à 1827, parce que nous ne connaissons pas le mouvement de l'importation et de l'exportation des métaux précieux en ces années ; les états de douane n'ont rien constaté à cet égard, que nous sachions.

Pour constater plus facilement quel peut avoir été l'influence de l'escompte sur le mouvement des métaux précieux, nous indiquerons les variations qu'il a subies en ces années.

Nous les mettrons en regard des excédants d'importation et d'exportation.

Années.	Excédants d'importation.	Excédants d'exportation.	Taux divers de l'escompte.
1854	253 millions.	»	5, 4.
1855	23 —	»	4, 5, 6.
1856	93 —	»	6, 5, 6.
1857	89 —	»	6, 5 1/2, 6 1/2, 7 1/2, 10, 9, 8, 7, 6, 5.
1858	475 —	»	5, 4 1/2, 4, 3 1/2, 3.
1859	370 —	»	3, 4, 3 1/2.
1860	156 —	»	3 1/2, 4 1/2.
1861	» —	83	5 1/2, 7, 6, 5, 5 1/2, 6, 5.
1862	80 —	»	5, 4 1/2, 4, 3 1/2, 4.
1863	» —	55	4, 5, 4 1/2, 4, 3 1/2, 4, 5, 6, 7.
1864	78 —	»	7, 6, 7, 8, 7, 6, 7, 8, 7, 6, 5, 4 1/2.

On peut résumer en quelques mots les résultats que présente ce tableau.

Ce sont les années 1854, 1858, 1859, 1860 et 1862 qui présentent les excédants d'importation les plus forts ; la moyenne annuelle s'élève à 266 millions. Le taux de l'escompte n'a pas dépassé 5 0/0, et encore faut-il remarquer qu'il n'a été que trois fois à ce taux, la première durant moins de quatre mois, la seconde pendant quarante jours, et la troisième du 1er au 22 janvier 1862.

L'excédant d'importation pour les années 1855, 1856, 1857, 1861, 1863 et 1864 présente une moyenne insignifiante de 22 millions. L'escompte, en ces années, a pourtant atteint des taux très-élevés. Cette élévation n'a donc pas eu la puissance qu'on lui attribue, celle, soit d'attirer en France le numéraire étranger, soit d'empêcher nos espèces de se répandre au dehors dans les lieux où elles avaient une mission à remplir.

De 1827 à 1853 la balance a toujours été au profit de la France. Cependant, les variations de l'escompte n'ont jamais été invoquées pour influer, en quoi que ce soit, sur le mouvement des métaux précieux.

Que signifie alors cette doctrine tout-à-fait neuve de la surélévation de l'escompte qui apparaît sous le prétexte de servir l'intérêt public, tandis que, en réalité, elle ne sert que les intérêts de la Banque, qui cherche à se soustraire à l'obligation d'acheter des métaux précieux pour entretenir son encaisse ?

L'élévation de l'escompte ne peut pas plus amener en France le numéraire étranger qu'elle ne peut mettre obstacle à ce que les capitaux français passent nos frontières pour aller se rendre là où la France doit satisfaire à des engagements qu'elle a souscrits.

Elle est impuissante à reconstituer directement l'encaisse de la Banque et même à le maintenir dans des conditions normales, mais elle la dispense de faire des achats d'or et elle procure de gros dividendes à ses actionnaires. Quant à la société, elle n'en retire aucun avantage.

Mais si nous n'apercevons pas les bénéfices que la société peut obtenir de la hausse de l'escompte, nous découvrons très-bien les dommages qu'elle en éprouve. Ces dommages sont les suivants : escomptes élevés à payer, profondes restrictions de crédit à subir, diminution de circulation et crises monétaires à supporter. Que la Banque le sache bien ; de tous les maux qu'elle inflige au commerce et à l'industrie, le plus grave est, sans contredit, celui qui provient de l'amoindrissement de la circulation, de la contraction des avances qu'elle fait sur valeurs diverses, ainsi que de la diminution du chiffre des billets qu'elle reçoit à l'escompte. Eh quoi ! tandis qu'elle nous affirme que la hausse de l'intérêt a, entre autres conséquences, pour but principal d'attirer les capitaux étrangers et d'empêcher l'émigration des capitaux français, ce qui n'est pas vrai, la mesure qu'elle prend détermine bien certainement le retrait d'une quantité importante de monnaie métallique et de monnaie fiduciaire, sans compter la baisse qu'elle fait subir au portefeuille et aux avances.

La circulation et les avances que la Banque fait aux affaires se trouvent quelquefois diminuées dans des proportions considérables. Cette diminution peut atteindre et même dépasser 500 millions. Rappelons en deux mots comment les choses se passent dans ces circonstances. De janvier 1864 à décembre, le portefeuille est descendu de 752 millions à 567 ; l'encaisse est remonté de 169 à 355, en empruntant environ 186 millions à la circulation métallique, qui s'est trouvée diminuée d'autant ; la circulation fiduciaire a baissé de 91 millions en passant de 813 à 722 ; enfin, les avances sur effets publics, sur actions et sur obligations, ont subi une réduction de 49 millions, en tombant de 116 millions à 67.

Si la Banque empêchait la sortie des capitaux français, si elle appelait en France une certaine quantité de capitaux étrangers , 100 millions, par exemple, elle croirait rendre un service signalé au pays, puisque, dans le premier cas, elle maintiendrait la circulation monétaire et lui donnerait un certain accroissement dans le second. Quand, au lieu de produire ces résultats, elle restreint et les avances et la circulation dans les fortes proportions que nous avons indiquées, elle nuit donc énormément aux intérêts du commerce et de l'industrie.

Ainsi, la Banque, loin de créer le bien par ses élévations d'escompte, engendre le mal, et ce mal est grave : car nous savons, et la Banque est d'accord avec nous sur ce point, qu'une restriction quelconque apportée à la circulation peut produire les conséquences les plus fâcheuses, comme l'extension qu'on lui donne, dans certaines circonstances, peut déterminer les meilleurs résultats.

Encore une fois, la Banque, en élevant l'escompte, ne procure aucun avantage à la société ; elle occasionne au contraire le mal qui la fait le plus souffrir, c'est-à-dire des crises monétaires. Et, ce qu'il y a de plus déplorable, c'est que ces crises sont purement artificielles. Elles ne sont pas la conséquence naturelle des échanges et des transactions ; elles ne sont pas davantage le résultat naturel de l'état du marché ; elles sont l'œuvre de la Banque et la suite nécessaire des restrictions de crédit et des contractions de circulation qu'amènent ses mesures.

S'il nous était donné d'établir une banque d'émission, nous lui tiendrions ce langage :

Vous aurez 200 millions comme capital de garantie ; cette obligation n'est pas une charge pour vous. Ces 200 millions seront placés en rente sur l'État et vous produiront un intérêt égal à celui que tous les créanciers de l'État retirent de leur argent. Sur ce point nous ne vous imposons aucun sacrifice ; nous ne voyons pas comment vous pourriez faire entendre contre cette mesure le moindre mot de protestation.

Mais, lui dirions-nous encore, à ces 200 millions vous ajouterez 300 millions que vous mettrez en espèces dans votre caisse, 300 millions, qui, avec les dépôts que vous recevrez, formeront votre réserve et votre fonds de roulement. Armée de ce capital de garantie et de cette réserve, qui sera votre propriété, vous pourrez émettre des billets au porteur jusqu'à concurrence de 800 à 900 millions. Vous n'irez pas au-delà ; nous vous refusons le droit d'émission illimitée, parce que nous voulons échapper aux conséquences des contractions forcées qui en sont fatalement la suite, à l'émigration du numéraire qu'amène une circulation trop considérable en papier, et aux dangers que pourraient déterminer des excès de monnaie fiduciaire non suffisamment garantie.

Ces 8 ou 900 millions, vous les livrerez au commerce et à l'industrie moyennant un intérêt que vous pourrez abaisser au-dessous, mais que vous ne pourrez jamais élever au-dessus de 4 0/0.

Nous comprenons que cette seconde mesure pourrait faire regimber les actionnaires actuels de la Banque. En effet, il est si doux d'être propriétaire d'un simple capital de garantie comme celui de la Banque de France, qui vous procure lui-même des intérêts, et d'avoir la faculté d'émettre pour 1 milliard ou 1,200 millions de monnaie fiduciaire, qu'on peut prêter à 6, à 7, à 8, à 9 et même jusqu'à 10 0/0, et cela sans posséder un sou d'encaisse.

Et pourquoi imposerions-nous ces conditions à la Banque dont nous parlons ? Uniquement parce qu'elle serait une banque d'émission, c'est-à-dire une banque qui bat monnaie jusqu'à un certain point, en vertu d'un privilége spécial, non dans son intérêt, mais dans l'intérêt de la société, et parce que, moyennant 300 millions, elle pourrait obtenir les intérêts à 4 0/0 de 900 millions ou même d'un milliard et plus, en y comprenant les réserves qu'elle pourrait accumuler.

Les bénéfices qu'elle obtiendrait par ses opérations d'escompte s'élèveraient à 7 ou 8 0/0 au moins, lors même qu'elle abaisserait l'intérêt à 3.

Aux opérations que la Banque serait autorisée à faire avec sa propre réserve, elle aurait le droit de joindre celles que lui permettraient de négocier les ressources qui lui proviendraient des dépôts publics ou particuliers.

A l'égard des opérations qui auraient pour point d'appui les dépôts, nous les renfermerions dans des limites très-restreintes. On pourrait agir en vertu de ces dépôts comme le fait actuellement la Banque d'Angleterre ; ils ne pourraient pas servir à faire une émission plus forte.

Les profits que la Banque réaliserait avec cette partie de ses opérations viendraient s'ajouter à ses bénéfices et l'aideraient à faire face aux frais de gestion et d'administration.

Si la Banque n'opérait qu'avec de l'argent à elle ou avec de l'argent emprunté ; si elle n'était qu'une Banque de dépôt au lieu d'être une Banque d'émission, nous ne lui imposerions pas ces conditions. Mais, du moment que nous lui permettrions de se servir de monnaie fiduciaire et de faire usage, jusqu'à une certaine concurrence, des dépôts qu'elle recevrait à titre gratuit, nous limiterions le taux de son escompte. Ce serait raisonnable, selon nous. En effet, ce n'est pas de la monnaie métallique qu'elle prête ; elle ne prête que de la monnaie fiduciaire, c'est-à-dire une monnaie qui n'a de valeur que par le crédit qu'on lui accorde. Les opérations basées sur les dépôts ne sont que des opérations accessoires.

D'ailleurs, les banques d'émission ont été constitués pour procurer des capitaux à l'industrie et au commerce, et pour les leur procurer à bon marché. C'est là le but unique de leur création. Et c'est pour qu'elles puissent arriver à ce double résultat qu'elles ont été investies du droit d'émettre de la monnaie fiduciaire. Pour qu'elles l'atteignent, il faut donc que le taux de l'intérêt de leur monnaie, gratuite pour elles jusqu'à concurrence de la plus forte portion, soit limité par la loi même à laquelle elles doivent leur existence.

Tels sont les liens dans lesquelles nous enserrerions une Banque d'émission.

Viendra-t-on nous dire que la Banque de France, en vertu d'un privilége qui peut durer plus ou moins longtemps, selon qu'on interprètera les lois qui la régissent, ne voudra pas de nos conditions. Pour nous ce n'est pas là la question ; la question, la voici : S'il n'existait pas de banque d'émission en France, trouverait-t-on des souscripteurs qui accepteraient les règlements que nous aurions la prétention d'imposer à la Banque qu'il s'agirait d'établir ?

Nous n'hésitons pas à répondre affirmativement.

Effectivement, que d'industries qui n'offraient pas les garanties de solidité et de bénéfices que présenterait une telle banque ont trouvé plus d'argent qu'il n'en faudrait pour la constituer ?

Maintenant, nous le demandons, une Banque ainsi organisée ne pourrait-elle pas effectuer, à présentation, le remboursement de ses billets aussi facilement que le fait en ce moment la Banque de France, et aboutirait-elle fatalement au cours forcé ? N'avons-nous pas vu que, depuis le 1er janvier 1860, la circulation fiduciaire n'est jamais descendue au-dessous de 700 millions. Du reste, la Banque pourrait prendre quelques mesures préventives pour empêcher l'écoulement entier de sa réserve. Ces mesures consisteraient dans l'achat de quelques métaux précieux si le besoin s'en faisait sentir. Du reste, elle ne serait pas souvent obligée d'avoir recours à cette mesure avec un encaisse réel, et en présence d'une circulation fiduciaire qui ne descend pas au-dessous de 700 millions ; et encore faut-il remarquer que l'émission ne descend à ses chiffres les plus bas que quand la Banque en amène elle-même la restriction par la hausse du taux de l'intérêt. Lorsque la Banque n'emploierait plus de moyens pour contrarier l'émission, elle demeurerait toujours supérieure à 700 millions. Effectivement, quel danger les porteurs de billets auraient-ils à courir avec un encaisse réel de 300 millions et un capital de garantie de 200 millions, fourni en valeurs sur l'État? D'ailleurs, la Banque encaisserait chaque jour des effets de commerce dont le montant contrebalancerait, jusqu'à une certaine concurrence, les demandes de numéraire qui viendraient à se produire. L'écoulement de la réserve ne serait plus possible. Cette réserve se trouverait en outre fortifiée par les dépôts en comptes-courants et par l'échange de quelques espèces contre des billets. Il serait bien difficile que le chiffre brut de l'encaisse descendît jamais au-dessous de 300 millions; on peut même considérer comme certain qu'il serait plutôt supérieur à ce chiffre qu'il ne lui serait inférieur.

La Banque de France regarde toute mesure, autre que l'élévation de l'escompte, prise pour arrêter les avances, comme arbitraire et bien autrement onéreuse pour les affaires. N'est-ce pas une erreur grave?

En élevant son escompte, la Banque restreint la circulation fiduciaire et la circulation métallique de plusieurs centaines de millions ; elle fait baisser le chiffre des effets de commerce qu'elle admet à l'escompte, ainsi que celui des avances de toute nature, dans des proportions très-fortes. Nous avons parlé de 500 millions. Peut-on redouter un mal plus sérieux que celui-là ? Deux ou trois cents millions retirés de la circulation et une diminution presqu'égale dans la négociation du papier commercial et celle des avances, et cela précisément à l'instant où l'on a le plus pressant besoin de monnaie et de crédit, n'est-ce pas un des plus grands maux qui puissent arriver au commerce et à l'industrie? N'est-ce pas même de ce mal que l'industrie et le commerce ont le plus souffert depuis une dizaine d'années, toutes les fois que la Banque, par la hausse de son escompte, a déterminé la diminution de la double circulation monétaire, ainsi que la restriction du chiffre des effets qu'elle négocie et des avances qu'elle fait dans des directions diverses.

Le commerce et l'industrie ont-ils donc intérêt au maintien d'une mesure qui occasionne des crises? Nous ne pensions pas qu'il pût y en avoir de plus funeste que celle-là.

La Banque aura beau dire, elle n'arrivera jamais à se disculper du reproche que nous lui adressons de raréfier la double circulation en élevant son escompte, et de déterminer par là même de véritables crises monétaires. En effet, toute élévation du taux de l'intérêt un peu marquée est suivie d'une contraction de la circulation. D'ailleurs, c'est spécialement pour arriver à ce résultat que la Banque décrète les hausses de l'escompte; ces hausses ont bien un autre prétexte, mais elles n'ont réellement pas d'autre cause.

Si la Banque était organisée comme nous le demandons, les choses se passeraient bien différemment, et, tout en lui imposant un maximum d'escompte, on n'arriverait point au cours forcé. De plus, on pourrait maintenir au commerce des avances d'un tiers ou de deux-cinquièmes plus importantes que celles que la Banque actuelle lui offre dans les moments difficiles. Et puis (nous insistons surtout sur ce point, qui est capital), on échapperait aux contractions de circulation et aux crises monétaires que fait naître la hausse de l'intérêt. Cette banque nouvelle, ou plutôt la Banque organisée sur de nouvelles bases, n'aurait nul besoin de se livrer à des achats d'or onéreux pour entretenir son encaisse réel ; elle n'aurait point à élever le taux de l'intérêt sous le prétexte fallacieux de maintenir ou de reconstituer sa réserve, ni sous la vaine allégation, qui ne peut plus se produire désormais, d'attirer en France les capitaux étrangers et d'empêcher les capitaux français de s'éloigner ; ni encore dans le but chimérique de donner au commerce et à l'industrie des avis salutaires qui peuvent leur être adressés autrement, et d'une manière aussi sûre, mais bien moins dommageable. En effet, on dit aussi qu'on élève l'escompte pour donner aux affaires des avertissements qu'on leur croit utiles.

Mais, le commerce et l'industrie ont-ils besoin de recevoir ces avertissements par des hausses de l'escompte. D'ailleurs, est-ce bien toujours pour leur donner ces avertissements que la Banque l'élève ? Une crise était-elle imminente en 1855, en 1856 ? Elle ne se déclare qu'à la fin de 1857. N'y aurait-il rien à dire sur les escomptes élevés de 1861, de 1863 et de 1864 ? Ces avertissements ne surviennent donc pas toujours à temps opportun. Alors, que la Banque ne vienne pas nous dire qu'elle élève le taux de son escompte pour donner à l'industrie et au commerce des avertissements salutaires ; mais que, plutôt, elle confesse qu'elle élève cet escompte pour amoindrir son émission fiduciaire, pour enrayer les transactions afin de rendre disponible une portion de numéraire qui lui permettra de recomposer sans frais son encaisse au moyen de ce numéraire, et puis, ce qui n'est pas du tout à dédaigner, pour obtenir des dividendes plus considérables.

De la proposition que nous faisons de modifier l'organisation de la Banque résulterait certainement un mal sérieux, il est vrai, un mal que nous regretterions sincèrement de voir se produire, mais un mal pourtant tout-à-fait secondaire au point de vue social ; ce mal serait l'amoindrissement des bénéfices des actionnaires ; mais, il faut bien le dire, de bénéfices qui n'ont aucune raison d'être et qui sont obtenus par des procédés qui exigent du commerce et de l'industrie des sacrifices trop lourds, et dans des proportions que ne justifient pas les services rendus (1).

La Banque, en effet, parle de ses services ; mais elle est obligée d'en rendre ; c'est pour cela qu'elle a été créée. Il est juste cependant qu'elle réalise quelques quelques bénéfices ; mais nous disons que les services qu'elle rend lorsqu'elle porte son escompte à un taux élevé, ne méritent pas la large rétribution qu'elle

---

(1) Si l'on modifiait dès à présent les statuts de la Banque, nous trouvons qu'il serait équitable d'accorder aux actionnaires une indemnité raisonnable.

exige en ces circonstances. Payer 7, 8, 9 ou 10 0/0 à la Banque pour que ses mesures conduisent à une crise monétaire, cela est évidemment une erreur profonde.

De plus, les bénéfices de la Banque ne sont pas en rapport avec l'argent qu'elle a engagé dans son industrie. Elle n'a presque rien mis dans sa caisse, puisque la plus grande partie de son capital est placée en rentes sur l'État, et produit des intérêts. Rien ne légitime donc les gros dividendes qu'elle distribue, ni les excédants qu'elle ajoute au fonds social, conformément à la loi du 10 juin 1857.

Mais, qu'on croie bien que nous ne jalousons pas les profits de la Banque ; nous lui reprochons son organisation défectueuse. Elle n'a point d'encaisse, tandis qu'elle devrait en avoir un ; de là tout le mal : les escomptes élevés, les mauvaises raisons mises en avant pour justifier ces escomptes, les restrictions de monnaie fiduciaire, les contractions de la circulation métallique, la diminution des avances, le resserrement dans la négociation du papier de commerce, et, ce qui est plus terrible que tout le reste, les crises monétaires factices amenées par la Banque, et devenues si fréquentes.

Si la Banque de France ne veut pas d'encaisse pour entretenir ses opérations d'escompte, il faut qu'elle supporte les conséquences de ce défaut d'encaisse. Il n'est pas équitable qu'elle fasse payer au commerce et à l'industrie un intérêt excessif pour se procurer les moyens d'acheter l'or qui lui serait nécessaire, pour alimenter sa réserve aux époques où les dépôts et les comptes-courants lui échappent. Si elle profite des intérêts du capital qui devrait former sa réserve, qu'elle emploie ces intérêts à payer les achats de métal précieux dont elle peut avoir besoin. Du reste, elle n'achète presque plus d'or, ainsi que nous l'établirons plus loin ; les escomptes élevés ne lui servent donc pas à en payer le prix : ils lui donnent des bénéfices plus considérables.

N'oublions pas qu'elle n'a pas d'encaisse réel. Il ne convient donc pas que, en s'appuyant sur un encaisse factice qui peut s'évanouir demain, elle fasse aujourd'hui d'importantes émissions de billets, ni de larges avances qu'elle s'efforcera bientôt de comprimer à l'aide de procédés à son usage, c'est-à-dire en restreignant du même coup la négociation du papier, la circulation fiduciaire et la circulation métallique, aulieu de chercher à entretenir son encaisse par des achats de précieux métal.

Si quelque chose nous étonne, c'est qu'il se trouve des partisans de l'intérêt illimité pour une Banque d'émission. En compensation de la faculté que la société lui accorde de tirer des profits d'un capital fictif, d'un capital qui ne vaut que par le crédit que cette même société lui accorde, il faut que, de son côté, elle procure au commerce et à l'industrie certains avantages. Ces avantages sont une extension de crédit sérieux, stable, et un intérêt dont le maximum, très-modéré, ne puisse jamais être dépassé.

Lorsqu'il y a hausse de l'intérêt, nous estimons que c'est la Banque qui donne le signal pour entraver les transactions, pour restreindre son émission et pour empêcher l'écoulement entier de sa réserve. La Banque prétend que, lorsqu'elle agit de la sorte, elle ne fait que refléter les conditions du marché. Qu'on observe bien les faits, et l'on reconnaîtra qu'il y a dans cette affirmation une erreur manifeste. C'est toujours de la Banque que part le signal de la hausse, et elle donne ce signal, non parce que le prix de l'argent augmente autour d'elle, mais parce que son encaisse lui échappe. C'est donc la Banque qui détermine la hausse de l'escompte. Mais la hausse se fît-elle sans son intervention, la hausse fût-elle même la conséquence directe de l'état du marché, que nous ne voudrions pas que la Banque pût porter son escompte au-delà de 4 0/0, quelque chose qui arrivât.

Les divers porteurs de rentes ou d'obligations industrielles sont bien obligés de se contenter d'un intérêt invariable. La Banque est dans une position meilleure, puisqu'elle ne se sert pas d'argent. En conséquence, l'intérêt de l'argent ne la regarde pas. Sa monnaie, à elle, c'est du papier ; elle ne fait aucun usage de monnaie métallique pour ses avances. Si quelquefois elle donne du numéraire, c'est parce qu'elle en reçoit lorsqu'on lui rembourse le papier qu'elle a négocié, au lieu de recevoir ses propres billets, ou bien parce qu'elle se sert de l'argent des dépôts. Il y a donc nécessité absolue à ce que la Banque soit soumise à la loi du maximum. Effectivement, les Banques d'émission n'ont été institués, et elles n'ont reçu le droit faire usage de monnaie fiduciaire, que pour venir en aide aux affaires et pour leur procurer des avances à bon marché. Mais le bon marché, elles ne le donneront d'une manière permanente qu'autant qu'elles y seront contraintes par des règlements.

Avec son organisation actuelle, la Banque de France jouit d'un privilége exorbitant, dont l'exagération saute aux yeux. Non-seulement elle peut, sans argent à elle, émettre autant de billets qu'elle le veut, mais elle peut aussi en retirer des bénéfices considérables, et cela en portant aux intérêts de la société les atteintes les plus graves.

VII.

Nous avons dit plus haut qu'il n'est pas juste que la Banque fasse payer au commerce un intérêt excessif pour se procurer les moyens d'acheter l'or dont elle a besoin, ou plutôt dont elle dit avoir besoin pour entretenir son encaisse. En effet, il est à remarquer qu'à partir du moment où elle a mis en pratique sa nouvelle doctrine, elle n'a presque plus fait d'achats de métal précieux. On a donc tort d'alléguer qu'on hausse le taux de l'intérêt, parce qu'on est obligé de payer cher l'or à l'aide duquel on alimente la réserve ; c'est un vain prétexte qu'on met en avant pour justifier les escomptes élevés. Nous avons vu quels chiffres ont atteint les achats faits en 1855, 1856 et 1857. Or, voici quels ont été les résultats depuis lors :

En 1858, 1859, 1860, 1861, 1862, 1863, 1865, 1866 on n'a rien acheté, si nous avons bien compris les comptes-rendus de la Banque publiés par le *Moniteur*.

En 1864 les frais occasionnés par ces opérations se sont élevés à 693,394 francs 73 centimes. Le gouverneur a qualifié avec juste raison cette dépense de léger sacrifice (1).

Aussi, M. De Germiny, alors gouverneur de la Banque, se félicitait-il, dans le compte rendu des opérations de 1861 des effets que produisait le nouveau mode d'application de l'escompte. Après avoir indiqué les nombreuses variations que le taux de l'intérêt avait subies en cette année, il s'exprimait en ces termes : « Cette mobilité ne cesse de protéger nos encaisses; son efficacité est démontrée par les résultats. »

Que la Banque s'applaudît par la bouche de son honorable gouverneur des beaux résultats qu'elle avait obtenus, rien de mieux. Mais si, à côté de ces résultats, le commerce et l'industrie fussent venus montrer ceux que ces variations avaient amenés dans l'état de leurs affaires, M. de Germiny aurait-il bien pu leur tenir un pareil langage ? Nous croyons qu'un juste sentiment de réserve l'eût arrêté. Sans doute en proclamant les magnifiques résultats que produit la mobilité de l'escompte, il ne considérait que l'intérêt de la Banque ; il ne pensait pas à celui de l'industrie et du commerce, pas plus qu'il ne se préoccupait des crises monétaires dont ils ont à souffrir si cruellement et que détermine cette mobilité. Voyez à quelles conséquences regrettables conduisent les théories fausses et erronées.

La Banque ne se sert donc pas de l'élévation de l'escompte pour appeler dans sa caisse les espèces métalliques conservées inertes par la grande timidité des particuliers, comme le dit M. Hubert-Delisle ; elle en profite pour n'en pas acheter ou pour n'en acheter que fort peu ; et elle arrive à ce dernier résultat en enrayant les affaires pour diminuer sa circulation fiduciaire et pour rendre disponible une portion quelconque de numéraire, qui, faute d'emploi actuel, vient accroître momentanément sa réserve métallique.

Ainsi, il n'est pas vrai que la Banque hausse son escompte pour payer l'or qu'elle destine à grossir sa réserve, puisqu'elle n'en achète pas, ou presque pas. De cette manière, elle est doublement heureuse. Autrefois, en effet, elle achetait des métaux précieux pour entretenir son encaisse, et elle faisait ses avances à 4 0/0. Aujourd'hui, les dépenses qu'elle fait pour achats d'or sont insignifiantes, et le bénéfice qu'elle obtient de ses avances est beaucoup plus important. Elle n'achète pas d'or pour entretenir sa circulation; elle trouve plus facile d'élever purement et simplement l'escompte. En agissant de la sorte elle force sa circulation fiduciaire à se rapprocher davantage du rapport jugé nécessaire entre cette circulation et la réserve. Avec ce système, un encaisse moins fort lui suffit. Les intérêts de la société souffrent-ils d'une pareille mesure, cela lui est parfaitement indifférent; son unique préoccupation c'est d'arriver à ses fins et de gagner encore

(1) Voici comment s'exprime le *Journal des Économistes* sur cette dépense : Or, sait-on quelle est l'importance des sacrifices faits par la Banque pour, au moyen d'achats de numéraire, éviter de recourir à cette mesure de l'augmentation de l'escompte, dure à son cœur paternel, nous n'en doutons pas, mais si avantageuse à ses actionnaires : 693,794 francs 73 centimes. (Voir numéro de mars 1865).

plus d'argent au lieu d'en dépenser. N'est-ce pas superbe, vraiment? Et il faut bien que le résultat qu'elle veut atteindre se produise. Si un taux d'escompte de 6 ou 7 n'est pas suffisamment efficace, elle l'élèvera jusqu'à 10. Elle irait plus loin s'il était nécessaire. Et qui oserait la blâmer d'agir de cette façon? Cette pauvre Banque n'est-elle pas assez à plaindre? N'a-t-elle pas fait un métier de dupe pendant cinquante années? N'était-il pas bien temps que cela eût enfin un terme? Comment, ses administrateurs ont été si longtemps sans arriver à la découverte du nouveau procédé! Elever l'escompte à mesure que la réserve diminue, ou l'abaisser à mesure qu'elle se reforme; quoi de plus simple! Comparez la peine légère que donne le maniement de ce levier facile qu'on appelle le taux de l'escompte, à l'embarras pénible et surtout dispendieux que nécessitait l'achat de plusieurs centaines de millions de métal précieux dans une seule année. Et dire qu'on a été un demi-siècle sans trouver cet important secret! En vérité, ils étaient bien au-dessous de leur tâche ceux qui ont géré la Banque jusqu'à 1857. C'est si commode d'élever ou d'abaisser l'escompte, et puis c'est si avantageux! Il était réservé à des hommes du temps de progrès rapide et de transformations profondes où nous vivons, de modifier tout cela et d'apporter à la Banque le perfectionnement remarquable dont elle se trouve si bien. Les anciens directeurs tenaient à ne pas dépasser le taux de 4 0/0 qui avait été indiqué par celui qui fut son fondateur, comme le taux maximum, taux d'ailleurs suffisamment rémunérateur pour une Banque qui fait usage de monnaie fiduciaire; ils tenaient surtout à donner au commerce et à l'industrie toutes les satisfactions possibles. Ceux d'aujourd'hui prétendent prêter au taux du marché, bien que ce taux du marché, qui est quelquefois exorbitant, paraisse le plus souvent, sinon toujours, établi par la Banque elle-même; et, pour atteindre le but qu'ils se proposent, ils ne reculent pas devant l'emploi de mesures rigoureuses qui ont pour objet d'amener d'une manière purement artificielle le plus terrible des maux dont la société puisse souffrir, c'est-à-dire des crises monétaires quelquefois très-intenses.

Que les temps sont changés! Anciennement, dans les moments difficiles, la Banque tâchait de maintenir sa réserve, autant qu'il était possible, à un niveau en rapport avec l'émission fiduciaire qu'elle avait faite; elle y parvenait en achetant des métaux précieux. Aujourd'hui les moyens employés pour arriver à la solution du problème sont tout autres. Au lieu de chercher à maintenir l'encaisse au niveau voulu, relativement aux billets qu'on a sortis, on s'efforce de faire suivre à la circulation fiduciaire le niveau que prend l'encaisse, et on abaisse cette circulation. On obtient ce résultat en élevant l'escompte. Quelle différence dans les profits! Evidemment, les anciens administrateurs n'entendaient rien aux affaires. Il est vrai qu'ils n'amenaient pas de crises monétaires factices; mais aussi ils n'avaient pas le talent de procurer aux actionnaires des dividendes aussi brillants que ceux qui sont actuellement répartis.

M. de Germiny disait un jour au sénat : « Jamais la hausse de l'escompte ne « manque l'effet qu'elle doit produire. Nous n'hésitons jamais à en user : Son « résultat se fait rarement attendre et toujours se justifie. »

Que l'élévation de l'escompte ne manque jamais de produire l'effet qu'on en attend, cela est certain. Qu'est-ce que le taux en matière d'escompte? Un frein véritable. Or, ce frein, on modère sa force ou on la développe jusqu'à ce que l'effet qu'on cherche se manifeste. Le taux de l'escompe, avec sa mobilité et sa souplesse, arme la Banque d'un frein plus puissant que celui des plus fortes locomotives. Le frein de ces machines agit de manière à diminuer graduellement leur vitesse et à n'occasionner ainsi aucun accident. Jusqu'à présent elles n'en ont pas qui puisse arrêter instantanément leur marche. Nous croyons que c'est un bien, car l'arrêt subit des trains pourrait amener des catastrophes. Eh bien, ce frein trop énergique dont ne sont pas munis les convois de chemins de fer, la Banque en est pourvue, et il lui arrive quelquefois de serrer si fortement l'écrou que les affaires reculent brusquement au lieu de ne prendre qu'une allure plus modérée. Mais ce brusque mouvement de recul produit une secousse désastreuse. Cette secousse est déterminée par la crise monétaire que fait naître la trop forte pression, c'est-à-dire l'élévation excessive de l'escompte. En effet, la Banque élève cet escompte jusqu'à ce que le résultat dont elle a besoin pour rétablir le rapport jugé nécessaire entre son encaisse et son émission soit produit. Nous l'avons vue porter le taux de l'intérêt jusqu'à 10 0/0. Tenez pour certain que si les demandes d'avances persistaient malgré cela, elle l'élèverait à 12 ou à 15; en un mot, elle comprimerait le mouvement des affaires jusqu'à ce qu'elle eût atteint le but désiré.

On affirme donc qu'on élève l'escompte pour payer l'or qu'on achète, afin d'entretenir l'encaisse. Nous savons quelle est la valeur de cette affirmation.

On dit encore que les banques, en haussant l'escompte, défendent leurs métaux précieux. Cela pourrait être vrai si elles avaient un encaisse réel; mais leur encaisse est formé de fonds qui appartiennent à des tiers, et la hausse a pour objet de faire disparaître cet encaisse étranger, puisqu'un intérêt plus considérable est offert à l'argent qui le compose. Or, s'il reste une réserve quelconque au moment d'une forte élévation de l'escompte, c'est parce que cette élévation contraint les affaires à baisser et fait arriver dans les coffres de la Banque de nouvelles sommes qui deviennent disponibles. Autrement, il faudrait pourvoir à l'entretien de la réserve par des achats d'or. On échappe à cette nécessité en élevant l'escompte.

On ajoute : Il faut donner au commerce et à l'industrie des avertissements salutaires. Or, quelle est la valeur de ces avertissements? Ils déterminent le retrait de la monnaie métallique et de la monnaie fiduciaire; ils font naître des crises monétaires factices, et ils engendrent précisément les catastrophes dont ils paraissent vouloir prévenir l'explosion.

Un moyen d'avertir le commerce et l'industrie, c'est de publier une fois la semaine, deux fois même si cela est trouvé utile, les états de situation de la Banque, puis, dans les cas de péril sérieux, d'annoncer un peu à l'avance la restriction des échéances, si cette restriction devient impérieusement nécessaire. Pour en venir à la restriction des échéances, il faudrait que la Banque fût dans l'impossibilité d'entretenir son encaisse par des achats de métal précieux, sans compromettre évidemment ses intérêts, et sans compromettre les intérêts de ses actionnaires. Or, avec un encaisse réel, cela n'arriverait que de loin en loin, si on en juge par ce qui s'est passé depuis l'époque de la création de la Banque jusqu'à 1855, bien qu'elle n'ait toujours eu qu'un encaisse factice.

Reste l'emploi de l'élévation du taux de l'escompte pour empêcher nos réserves métalliques de prendre le chemin de l'étranger, et surtout la route de l'Angleterre.

C'est encore là une précaution inutile qui ne profite qu'à la Banque; les faits le démontrent jusqu'à l'évidence.

Voici quelques réflexions empruntées à M. Isaac Pereire, qui viennent confirmer nos déclarations (1) :

« Nous commençons par admettre, dit M. Pereire, que le taux de l'intérêt en Angleterre soit assez élevé pour déterminer les banquiers français à y faire passer de grands capitaux.

« Comment s'y prendront-ils ? Est-ce bien sous la forme d'exportation d'espèces que cette opération s'accomplira ?

« Avant de recourir à ce moyen, qui est généralement le plus coûteux, on achèterait toutes les lettres de change que les créanciers de l'Angleterre auraient à tirer sur ce pays, et on n'arriverait aux exportations de numéraire que si la matière des lettres de change, toujours extrêmement abondante, venait à s'épuiser, ou du moins à se raréfier au point de présenter moins d'économie que l'envoi des espèces, malgré les frais de transport et les risques inhérents à cette nature de remise.

« Admettons encore que, pour se procurer les moyens de profiter de cette différence entre le taux d'intérêt des deux Banques, les banquiers qui se livrent à ce genre d'opérations fassent argent de leur portefeuille par la voie de demandes d'escompte à la Banque de France, il faudrait d'abord que ces demandes prissent une certaine importance pour attirer l'attention de la Banque, et elles ne mériteraient de l'éveiller que si elles étaient accompagnées de retraits d'espèces assez considérables ; dans ce cas, la Banque, mieux placée que qui que ce soit pour apprécier les causes et les motifs des demandes d'escompte qui lui sont faites, aurait parfaitement le droit d'écarter celles qui lui paraîtraient d'une nature dangereuse pour son encaisse; quelques avertissements suffiraient pour contenir ces demandes dans des limites modérées.

« C'est de cette manière que procédaient autrefois les anciens gouverneurs, MM. d'Argout, Vernes et Gautier, avec l'autorité que leur donnaient une longue expérience, et c'était la seule chose qu'il y eût à faire dans un ordre d'idées restrictif, limitatif.

« On évitait ainsi de punir la communauté tout entière de la faute de quelques-uns; on ne modifiait pas les conditions normales de toutes les opérations commerciales d'un pays, par le motif que quelques changeurs auraient essayé de donner une extension inaccoutumée à leurs opérations.

(1) Voir son travail sur les Banques.

« Quelle pourrait être, d'ailleurs, l'étendue de ces opérations? Dépend-il de quelques banquiers de faire passer subitement les réserves métalliques d'un pays dans un autre? Auraient-ils la force et le crédit nécessaire pour cela?

« Il faudrait, comme nous venons de le voir, être bien peu au courant des faits et de la situation respective des deux pays, pour s'opposer que l'Angleterre pût avoir besoin de notre or et de notre argent au point de nous inspirer, même momentanément, de sérieuses inquiétudes.

« C'est le contraire qui est la vérité.

« Il n'est pas permis d'ignorer, en effet, que l'Angleterre est le grand marché des matières d'or et d'argent, le principal, sinon le seule intermédiaire de ce commerce entre l'Amérique et l'Europe; qu'elle est toujours abondamment pour-vue de ces métaux précieux; que c'est elle qui nous fournit la presque totalité de ceux que nous importons, et que ce n'est que très-exceptionnellement que cet ordre de choses peut se trouver interverti. »

Ainsi, la Banque n'a pas à craindre que nos espèces s'en aillent; et si elles veulent s'échapper, elle peut arrêter, sans aucune élévation de l'escompte, les demandes qui lui seraient adressées dans ce but; il lui suffit pour cela de donner un simple avertissement. Le passé le prouve d'une manière incontestable.

Mais il ne faut pas que la Banque oublie qu'elle n'a qu'un encaisse formé avec des fonds qui ne lui appartiennent pas, et que, par suite, il y a des retraits qu'elle ne peut empêcher, même en élevant le taux de l'intérêt; ce sont ceux qui sont faits par les propriétaires des dépôts. Or, toutes les fois que les affaires se déve-loppent et qu'elles prennent une importance plus considérable, les besoins de la circulation deviennent plus forts, de sorte que ces dépôts, qui trouvent alors l'occa-sion d'un emploi, cherchent à en profiter. La conséquence immédiate du retrait des dépôts, c'est la diminution de l'encaisse. Autrefois, pour le reconstituer, la Banque achetait des métaux précieux. C'était effectivement l'unique moyen qu'il y eût de réparer efficacement la perte qu'il éprouvait, et il n'en existe pas d'autres, quoi qu'on dise et quoi qu'on fasse. Aujourd'hui elle élève l'es-compte afin d'arriver à arrêter son écoulement et à le refaire un peu avec de nouveaux dépôts. Agir de la sorte, c'est commettre une erreur des plus graves, puisque cette erreur a pour objet de comprimer les affaires, de restreindre l'émis-sion fiduciaire, de contracter la circulation métallique, de rançonner d'une manière exorbitante le commerce et l'industrie, et, ce qui est encore plus que tout le reste, de déterminer des crises monétaires factices, dont la société tout entière ressent le contre-coup.

Pour légitimer la hausse de l'escompte, on invoque aussi le cours des changes. Mais la question relative aux changes n'a rien à faire ici. Le cours des changes est le résultat d'un mécanisme tout commercial, et il s'applique aux opérations qu; ont pour base le négoce et le trafic. Il est complètement impuissant à faire passer les capitaux destinés aux prêts d'un pays dans un autre. La hausse de l'intérêt pourrait seule attirer ces capitaux s'ils voulaient courir les chances d'un placement à courte échéance, et fait dans des conditions souvent aventureuses au moment des fortes hausses de l'escompte.

Mais les capitaux de placement à courte échéance ne se décident pas si facilement aux migrations et surtout aux migrations périlleuses. Les faits établissent bien cette vérité qu'on ne peut méconnaître.

On se rappelle 1847 et la crise terrible qui se manifesta en cette année, de chaque côté du détroit. La Banque de France ne porta pas son escompte au-delà de 5 0/0 ; cependant, celui de la Banque d'Angleterre atteignait 8. La différence était de 3 0/0. Malgré cet écart considérable, nos espèces ne prenaient point la route de la Grande-Bretagne, et une surélévation d'escompte n'était pas nécessaire pour empêcher la sortie de nos capitaux.

Le taux de l'intérêt de la Banque d'Angleterre a été plus faible que celui de la Banque de France, pendant plusieurs années, quelquefois dans des proportions assez fortes.

Cette infériorité a été :

En 1844, 1850, 1852, 1859, de. . .	1 1/2 0/0.
En 1861, de.	2 1/2 et de 3 0/0.
En 1862, de.	1 1/2 et 2 1/2 0/0.
Enfin, en 1863, de	1/2 et 1 0/0.

Les capitaux d'Outre-Manche n'affluaient pas en France pour cela, et l'encaisse de la Banque d'Angleterre demeurait dans les meilleures conditions.

Dernièrement, c'est-à dire dans le courant de 1866, n'avons-nous pas assisté à un spectacle bien fait pour démontrer combien sont vaines les terreurs des honorables administrateurs de la Banque, quand ils élèvent l'escompte, sous prétexte d'empêcher les capitaux français de franchir nos frontières ? Pendant plusieurs mois il a existé un écart énorme entre le taux de notre grand établissement financier et celui de la Banque d'Angleterre. Cet écart a été jusqu'à 6 0/0. Nous ne croyons pas qu'il ait jamais été aussi considérable. Si l'escompte a été à 10 0/0 à Londres, c'est que, apparemment, il y a eu de pressants besoins d'argent ; et s'il est resté à 4 0/0 à Paris, c'est parce que l'encaisse de la Banque était abondamment pourvu. Le numéraire français a-t-il abandonné les coffres de la Banque et fait irruption dans le Royaume-Uni ? Non ; et pourtant si jamais taux d'escompte a présenté des chances de rémunération aux capitalistes, c'est bien celui que payait alors la Banque d'Angleterre. Quelque chose de semblable s'était déjà montré en 1865.

Il est vrai que la Banque n'attribue pas l'effet qui s'est produit en 1865 et en 1866 à la même cause que nous.

Dans le compte rendu des opérations de la Banque, pendant l'année 1865, l'auteur s'exprimait ainsi, en parlant du bas prix du loyer des capitaux : Cette différence considérable du taux moyen de l'escompte est due à la conduite prudente des affaires, au ralentissement des demandes du capital, soit pour l'immobilisation à l'intérieur, soit pour les entreprises à l'étranger, et à la balance du commerce favorable à la France, vis-à-vis de l'Angleterre. »

Cette année, dans le compte-rendu des opérations du même établissement pour 1866, le gouverneur a reproduit, ou à peu près, les mêmes considérations pour expliquer les causes qui ont fait maintenir à des cours excessivement modérés le taux de l'escompte à la Banque de France, tandis que l'intérêt était très-élevé à la Banque de Londres.

Pour expliquer ce bon marché, on a dit que la balance du commerce a été favorable à la France, vis-à-vis du Royaume-Uni, pendant les années 1865 et 1866. Mais en 1863, de même qu'en 1864, qui fut une année de crise très-sérieuse, la balance avait aussi été favorable à la France. Voici les résultats pour ces deux années :

1863, Importation d'Anglet. en France, 691 millions 1/2. Exportation, 1,039 1/2
1864,   id.   id.   679 id.   id.   1,145

Ce n'était donc pas pour empêcher l'écoulement de notre numéraire vers la Grande-Bretagne qu'on élevait l'escompte en 1863 et en 1864. Non pas ; on l'élevait parce que les dépôts qui trouvaient un emploi utile, un emploi avantageux dans les affaires, quittaient les coffres de la Banque à laquelle ils ne sont point tenus de fournir un encaisse invariable.

Ce n'est donc pas pour se mettre en garde contre des demandes de numéraire, faites en vue de l'Angleterre que l'on fait subir à l'escompte les fortes hausses qui surviennent dans certaines circonstances ; ces hausses n'ont pas d'autre causes que celles que nous avons signalées.

Voici quelques réflexions que nous empruntons à M. Paul Coq, et qu'il a faites à l'occasion de l'écart que la Banque a maintenu en ces dernières années entre son escompte et celui de la Banque d'Angleterre, et celui de la Banque nationale de Belgique :

« La lumière, dit M. Paul Coq, s'est-elle donc subitement faite chez quelques esprits sur la vanité de cette théorie, qui représentait hier encore nos métaux précieux comme s'écoulant avec nos forces vives, notre sang le plus pur par les failles de l'escompte en Banque ? A quoi cela est-il dû, puisque ni l'état actuel du change, ni les besoins du dehors ne sauraient l'expliquer ? »

Le cours du change est donc complètement étranger au maintien à un prix modéré du taux de l'escompte en 1865 et en 1866.

VIII.

M. de Germiny, comme on doit bien le supposer, est l'un des défenseurs les plus dévoués du privilège de la Banque, de son mode de procéder actuel et des mesures qu'elle pratique. Voici comment il s'exprimait dans une réunion du Conseil général de la Seine-Inférieure :

« La plus puissante institution de crédit du monde n'aurait pu défendre son encaisse sans son affranchissement de la loi sur l'usure ; ce n'est pas le taux de l'intérêt de l'argent qui importe aux affaires, mais la certitude de n'en jamais manquer, à quelque prix que ce soit. »

M. de Germiny se trompe en parlant de l'encaisse de la Banque ; la Banque n'a pas d'encaisse. C'est pour cela qu'elle est obligée de recourir aux mesures rigoureuses qu'elle met en œuvre pour arriver à se faire une apparence de réserve. Si elle avait un encaisse réel, elle n'aurait pas besoin d'élever l'escompte pour l'empêcher de fuir ou pour le reconstituer ; une loi sur l'usure ne lui serait pas nécessaire pour cela.

Quel aveu d'impuissance de la part de la Banque ! Il faut des intérêts usuraires pour qu'elle puisse agir. Il a fallu l'affranchir elle seule, et par un nouveau privilége particulier, de la loi qui limite le taux de l'intérêt, quand plus que personne elle devrait être rigoureusement assujettie à cette loi.

L'honorable ancien gouverneur de la Banque affirme que ce n'est pas le taux de l'intérêt qui importe aux affaires, mais la certitude de ne jamais manquer d'argent, à quelque prix que ce soit. Mais, entendons-nous bien : Quand la Banque élève son escompte pour rétablir son encaisse factice, est-ce que, au lieu de s'arranger de manière à procurer plus d'argent et à fournir plus d'avances au commerce et à l'industrie, elle ne fait pas tous ses efforts pour leur en enlever une portion considérable ? De janvier 1864 à décembre, elle leur retire plus de 500 millions. Comment avoir la certitude d'obtenir de la Banque des avances et de l'argent, à quelque prix que ce soit, lorsqu'on la voit réduire les avances et la circulation dans des porportions aussi fortes ? Et on avoue que c'est au moyen d'une loi sur l'usure qu'on arrive à ce beau résultat !

Oh oui ! les affaires, l'industrie et le commerce ont la certitude d'obtenir de la Banque tout l'argent dont ils ont besoin, mais sous la condition de n'en pas réclamer beaucoup ; sous la condition de diminuer énormément le chiffre de leurs demandes, et cela à un moment où ils ont des besoins plus grands que ceux qu'ils avaient à satisfaire quand la circulation et les avances étaient plus abondantes. Voilà les services que rend la Banque dans les jours difficiles.

Faire un appel aux lois sur l'usure pour comprimer les avances que l'on fait au commerce et à l'industrie, lorsqu'on pourrait faire des avances beaucoup plus larges sans avoir recours à un tel moyen, c'est certainement méconnaître les principes qui doivent servir de base aux banques d'émission.

Encore si la Banque, en élevant son escompte, élargissait réellement le chiffre de la circulation et étendait celui des avances, ou si seulement elle ne restreignait ni l'un ni l'autre, elle pourrait, jusqu'à un certain point, justifier ses mesures. Mais ce n'est pas ainsi que les choses se passent. Mue par l'unique besoin de refaire, sans bourse délier, un encaisse qui, à cause des éléments qui le composent, toujours lui échappe, elle comprime ses avances et contracte fortement la circulation fiduciaire ainsi que la circulation métallique. Ses hausses d'escompte n'ont pas d’autre but, et elle élève l’intérêt jusqu’à ce qu’elle ait atteint le résultat qu’elle poursuit. C’est ce qu’on appelle donner au commerce des avertissements salutaires, et aux affaires la certitude de ne pas manquer d’argent. C’est ce que nous appelons, nous, le moyen de ne pas acheter de métal précieux et d’obtenir de beaux dividendes.

Nous avons établi que si la Banque avait un encaisse réel elle ne courrait point le risque de voir cet encaisse disparaître sur les demandes de remboursement faites par les porteurs de billets, lors même qu’elle maintiendrait le taux de son escompte à 4 0/0. L’épuisement de l’encaisse serait d’autant moins à redouter que cet encaisse trouverait un puissant appui dans les dépôts. Le seul danger que la Banque aurait à redouter, ce serait d’être débordée dans son son capital fiduciaire et de se voir forcée de suspendre ses opérations d’escompte quand elle aurait atteint la limite de ses émissions. Or, il ne faut pas non plus qu’un pareil mal se manifeste. Une Banque ne doit éprouver aucun temps d’arrêt. Elle échapperait à cet inconvénient en se servant de son encaisse et des dépôts dans une certaine mesure, en faisant quelques achats d’or à l’occasion, et en restreignant l’étendue des échéances comme nous l’avons déjà dit, si elle ne pouvait suffire à alimenter sa réserve par des achats de métal précieux.

En observant ce qui se passe en France, on trouve que, présentement, la moyenne de la durée de l’escompte ne dépasse pas quarante jours, et que, sur un terme qui peut s’étendre à quatre-vingt-dix jours, on n’en demande que quarante à la Banque. En 1864, la moyenne des échéances a été de trente-huit jours ; elle était descendue à trente-cinq en 1852. Pour soustraire son capital fiduciaire à un épuisement complet, la Banque restreindrait donc la durée de l’escompte, mais cela n’arriverait que par exception. Avec une durée moyenne de trente-cinq jours, elle pourrait alimenter un courant quotidien d’affaires supérieur à 30 millions. Un pareil chiffre lui permettrait déjà de satisfaire à de nombreux besoins. D’ailleurs, la Banque n’est pas obligée de fournir seule aux nécessités du commerce ; elle n’a été instituée pour lui venir en aide que jusqu’à concurrence de son capital d’émission et des avances qu’elle peut faire au moyen des dépôts ; elle ne peut pas franchir cette limite. Les banques particulières sont chargées du reste ; ou bien, ce reste le commerce le trouve en lui-même. Quant à fournir une trentaine de millions par jour aux affaires, elle le pourrait facilement si elle était organisée comme nous le proposons. Ce mode de procéder aurait un avantage immense sur le mode actuel. Avec notre système, la Banque laisserait dans la circulation toute sa monnaie fiduciaire ; elle ne ferait aucun emprunt à la monnaie métallique pour recomposer son encaisse ; elle ne ferait subir aucune réduction forcée aux avances qu’elle fait au commerce et à l’industrie en négociant leur papier ; enfin, elle ne demanderait aucun supplément d’intérêt. Lorsqu’elle serait arrivée aux limites des avances de toute nature que son droit d’émission et les dépôts lui permettraient de faire, elle n’en accorderait plus de nouvelles, mais elle laisserait aux affaires celles qu’elle leur aurait faites, tant qu’elles le jugeraient convenable, et elle n'emploierait aucun moyen pour les leur arracher aux moments difficiles d'une liquidation. A cette situation, comparez celle qui est faite actuellement au commerce, à l'industrie, aux affaires en général. Ont-ils besoin d'argent au moment où un embarras se manifeste dans les transactions, que fait la Banque ? Elle s'efforce de faire rentrer une partie de ses billets ; elle enlève à la circulation métallique tout ce qu'elle peut de monnaie pour refaire son encaisse, qui menace de tomber à néant ; elle réduit les avances et le montant du papier qu'elle reçoit à l'escompte ; enfin elle porte l'intérêt à 6, 8, ou 10 0/0. Elle détermine une véritable crise monétaire. C'est ce que M. de Germiny appelle fournir aux affaires les moyens de se procurer tout l'argent dont elles ont besoin.

La Banque n'est pas chargée de procurer aux affaires tout l'argent dont elles ont besoin. Elle n'a pas été instituée pour leur donner un plein crédit ; elle ne pourrait pas le faire. Ce qu'elle est appelée à leur fournir, c'est un supplément de crédit. Ce supplément ne peut dépasser le chiffre de son émission et celui du papier que cette émission et les dépôts lui permettent de négocier, quoi qu'elle fasse. La Banque n'est donc pas tenue de veiller à ce que les affaires trouvent chez elle tout l'argent qu'elles réclament. Si elle avait une telle prétention, elle exagérerait singulièrement l'idée qu'elle doit avoir de sa mission. Comment, en effet, pourrait-elle arriver à un tel résultat avec un capital borné ? Son droit d'émission étant fixe, et les avances qu'elle peut faire avec les dépôts étant très-restreintes, son seul soin doit consister à entretenir son encaisse et la *continuité* de ses opérations dans les proportions que comporte cette émission, et le chiffre des dépôts qui lui sont confiés ; elle n'a pas d'autre devoir à remplir et elle ne peut faire plus. Or, à certains moments donnés, lorsque les affaires prennent un large mouvement d'expansion, la Banque voit le chiffre des demandes s'accroître. Elle ne peut pas aller plus loin que ne le lui permet le capital dont elle dispose (1). Mais si elle demeurait à découvert, elle pourrait voir ce capital tout entier lui échapper malgré ses achats d'or, de sorte qu'elle serait forcée de suspendre ses opérations. Pour que ce fait ne se produise pas, il faut qu'elle ait à sa disposition un moyen quelconque de l'empêcher. Ce moyen ce serait, selon nous, une restriction dans la durée des avances. Aujourd'hui la Banque fait porter cette restriction sur les avances elles-mêmes. Nous avons vu à quels chiffres s'élève cette réduction et quelles conséquences elle entraîne. La restriction dans la durée de l'escompte ne produirait aucun mal appréciable, puisque la Banque laisserait aux affaires toute la monnaie fiduciaire et métallique qui serait dans la circulation, et continuerait d'admettre à l'escompte la même somme de papier.

Nous ne prétendons pas dire qu'il ne vaudrait pas mieux que la Banque ne fût pas obligée de recourir aux restrictions dans la durée de ses escomptes ; mais c'est là un mal inhérent à la nature des choses. D'ailleurs nous le regardons comme

(1) Le droit d'émission de la Banque de France est illimité, mais elle ne peut faire usage de ce droit parce que son encaisse ne le lui permet pas.

peu grave, comparativement aux effets que produit le mode d'agir maintenant employé. Et remarquez que, aujourd'hui, la Banque, tout en restreignant les avances, restreint aussi leur durée. Du reste, à moins d'admettre la théorie du crédit illimité, ce qui n'est qu'une vaine utopie, il faut bien accorder aux banques d'émission, qui n'ont qu'un capital borné, le droit de se défendre d'une manière ou d'une autre contre des demandes exagérées ; il leur est impossible de donner aux affaires la certitude de ne jamais manquer d'argent. La seule certitude qu'elles peuvent leur donner, et qu'elles doivent leur donner, c'est que le courant qu'elles alimentent ne sera jamais interrompu, pourvu qu'on leur accorde le moyen de le maintenir, et ce, à l'aide d'une restriction, quelle qu'elle soit, si elles ne peuvent suffire par leurs achats d'or. Effectivement, que les demandes d'escompte continuent d'affluer dans une Banque qui opère avec un capital limité, il arrivera infailliblement, de deux choses l'une : ou bien il faudra diminuer le chiffre des avances faites aux réclamants, ou bien on sera obligé de restreindre leur durée. Nous avons vu qu'il vaut mieux restreindre la durée que de diminuer le chiffre, puisque la diminution du chiffre amène les résultats désastreux que nous avons signalés, tandis que la réduction dans la durée laisse aux affaires, pour faciliter une liquidation imminente, toutes les avances que les banques d'émission leur avaient fournies.

La publication hebdomadaire des états de situation de la Banque, et l'annonce faite quelques jours à l'avance d'une restriction dans la durée de l'escompte, avertiraient suffisamment le commerce et l'industrie; elles forceraient d'ailleurs les affaires, non à suspendre leur marche, mais à arrêter leur développement, et si une liquidation devenait nécessaire, parce que les affaires seraient trop engagées, cette liquidation pourrait s'opérer plus facilement, puisque la situation ne viendrait pas se compliquer de l'une de ces crises monétaires factices que fait naître en ce moment la Banque, avec les principes qu'elle professe.

Que, quand les banques d'émission élèvent leur escompte, elles n'indiquent pas l'état du marché, mais bien l'état de leur caisse; la Banque d'Angleterre nous l'a encore suffisamment prouvé l'année dernière. Elle a été autorisée à suspendre l'*Act* de 1844, mais sous la condition de ne pas prêter au-dessous de 10 0/0. Et pourquoi ce taux élevé, si ce n'est pour repousser autant que possible les demandes de monnaie?

Et puisque nous parlons de la Banque d'Angleterre, disons deux mots des projets de réforme qui sont agités à son égard. On prétend que les Anglais voudraient modifier l'organisation de leur grand établissement de crédit et lui donner la constitution qui régit la Banque de France. Nous ne savons pas ce qu'il y a de fondé dans ces bruits, mais ce dont nous sommes convaincu, c'est que si une réforme a lieu (nous la croyons nécessaire dans une certaine mesure), elle ne sera pas faite dans le sens indiqué. Nos voisins sont trop bons financiers pour n'avoir pas remarqué que notre institution ne vaut pas la leur. On reproche à l'*Act* de 1844 de ne pas prévenir le retour les crises commerciales. Quelle banque pourra donc jamais empêcher ces catastrophes ? Les crises commerciales naissent des excès de la production, et nous ne connaissons aucune force au monde qui puisse les conjurer. Une banque d'émission ne peut point faire plus d'avances que ne le permet le capital dont elle dispose. Il y a mieux : si on voulait la contraindre à étendre indéfiniment sa circulation fiduciaire, on ne conjurerait pas pour cela la crise commerciale, mais on la compliquerait d'une crise monétaire réelle qui la rendrait d'autant plus désastreuse. Tout ce qu'on doit demander à une banque d'émission, c'est que, après avoir atteint le maximum des avances qu'elle peut faire en vertu de ses réglements, elle ne vienne pas déterminer brusquement une crise monétaire factice en prenant des mesures qui ont pour objet de restreindre ses avances et d'amener la contraction de la circulation fiduciaire et de la circulation métallique, comme le fait aujourd'hui la Banque de France.

Nous avons parlé des satisfactions que la Banque pourrait donner aux affaires, tout en renonçant à jamais dépasser le taux de 4 0/0. Certes, avec son organisation actuelle elle pourrait aussi ne pas dépasser ce taux de 4, en revenant à ses anciens errements. Mais avec un encaisse factice il ne lui sera pas facile d'étendre sa circulation fiduciaire, nous ne disons pas jusqu'à 11 ou 1,200 millions, mais de l'élever seulement à 900, sans se trouver fréquemment exposée à faire d'importants achats d'or, surtout maintenant que les échanges ont pris un si vaste développement. Ces achats d'or, les ressources dont elle disposerait lui permettraient-elles même de les réaliser indéfiniment ? Il est permis d'en douter. Avant la loi de 1857, l'émission des billets, que nous sachions du moins, n'a jamais atteint 700 millons ; depuis quelque temps elle excède 1 milliard ou 1,100 millions. Émettre pour 1 milliard ou même seulement pour 900 millions de monnaie fiduciaire, sans avoir un encaisse réel et sans avoir le droit d'élever l'escompte au-delà de 4 0/0, cela serait, nous le croyons, impraticable désormais. En 1855 et 1856, et dans les premiers mois de 1857 c'est-à-dire sous le régime antérieur à la nouvelle loi, la Banque dépensait déjà beaucoup d'argent pour se procurer du métal précieux, afin d'entretenir son encaisse. Bien que les affaires fussent moins importantes qu'aujourd'hui, ce moyen ne lui suffisait plus pour le maintien de sa réserve ; elle était obligée d'avoir recours à l'élévation de l'escompte. C'est en 1855 qu'elle l'a porté pour la première fois à 6 0/0. Elle le mit aussi à ce taux en 1856 et au commencement de 1857. Elle fit mieux, elle réduisit la durée des échéances. Elle employait donc, en ces années, tous les moyens possibles pour alimenter son encaisse : réduction des échéances, élévation de l'escompte et achats d'or. Actuellement, en présence des chiffres qu'atteignent les valeurs escomptables, elle ne pourrait plus avoir la prétention d'entretenir sa réserve factice en se contentant d'acheter des métaux précieux ; il lui faut donc un encaisse effectif.

Avec la simple réduction des échéances, la Banque ne pourrait pas davantage maintenir son encaisse factice. Cette réduction n'empêcherait pas l'écoulement des dépôts, et elle n'aurait pas la puissance de ramener l'argent dans ses coffres. Il ne lui resterait guère, comme encaisse, que le compte-courant du trésor, qui lui offre, il est vrai, une ressource considérable. En effet, ainsi qu'on l'a dit dans l'exposé des motifs de la loi de 1857 : « Les nécessités des services publics ne permettent pas de le laisser descendre au-dessous d'une somme importante. » Mais quel que soit l'avantage que lui procure ce compte courant, il ne peut pas subvenir à l'entretien d'une réserve suffisante. L'encaisse se trouverait donc singulièrement réduit, et, par suite, l'émission fiduciaire ainsi que les avances elles-mêmes, car, on le sait, les avances se mesurent en grande partie sur l'émission.

La hausse du taux de l'escompte, dans le cas d'encaisse factice, a seule une vertu suffisante pour maintenir l'encaisse ou pour le restituer tant bien que mal ; mais elle arrive à ce résultat en faisant diminuer les affaires, en amenant la contraction de la circulation fiduciaire et métallique, et en déterminant des crises monétaires tout-à-fait factices.

Le privilége dont jouit la Banque repose évidemment sur une erreur économique dont le commerce, l'industrie et la société tout entière supportent les fâcheuses conséquences. Cette erreur économique sera réparée aussitôt qu'il y aura lieu, et nous sommes certain que la Banque reconnaîtra elle-même qu'il est urgent de remédier au mal. Elle tiendra à honneur de donner à l'intérêt public toutes les satisfations qu'il peut légitimement réclamer ; ces satisfactions, elle pourra les donner en renonçant à dépasser jamais le taux de 4 0/0, et en établissant une réserve effective.

Et puis, une chose est certaine, c'est que la Banque ne remplit plus sa vraie mission, la mission qu'elle a reçue de son immortel fondateur, qui, en matière de banque d'émission, y voyait plus clair que ceux qui combattent les principes qu'il professait sur cette question économique.

ÉCRETTEVILLE-LES-BAONS (Seine-Inférieure), Mai 1867.

ROUEN. — Typ. LECOINTE frères, rue Saint-Nicolas, 30.